"十四五"国家重点图书出版规划项目

中国语言文化典藏系列　组委会

主　任
田学军

执行主任
田立新

成　员
宋　全　杨　芳　刘　利　郭广生　顾　青
张浩明　周晓梅　刘　宏　王　锋　余桂林

中国语言资源保护工程

中国语言文化典藏系列　编委会

主　编

曹志耘　王莉宁　李锦芳

委员（音序）

郭　浩　何　瑛　黄成龙　黄拾全　李云兵
刘晓海　苗东霞　沈丹萍　王　锋　严修鸿
杨慧君　周国炎　朱俊玄

曹志耘 王莉宁 李锦芳 主编

中国语言文化典藏·湘潭

曾达之 著

商务印书馆
The Commercial Press
SINCE 1897

序

随着现代化、城镇化的快速发展，我国的语言方言正在迅速发生变化，而与地域文化相关的语言方言现象可能是其中变化最剧烈的一部分。也许我们还会用方言说"你、我、他"，但已无法说出婚丧嫁娶各个环节的方言名称了。也许我们还会用方言数数，但已说不全"一胭穷，两胭富……"这几句俗语了。至于那些世代相传的山歌、引人入胜的民间故事，更是早已从人们的生活中销声匿迹。而它们无疑是语言方言的重要成分，更是地域文化的精华。遗憾的是，长期以来，我们习惯于拿着字表、词表去调查方言，习惯于编同音字汇、编方言词典，而那些丰富生动的方言文化现象往往被忽略了。

2017 年，中共中央办公厅、国务院办公厅《关于实施中华优秀传统文化传承发展工程的意见》首次提出"保护传承方言文化"。2020 年，国务院办公厅《关于全面加强新时代语言文字工作的意见》明确提出"科学保护方言和少数民族语言文字"。语言方言及其文化的保护传承写进党和政府的重要文件，具有重要的历史意义。党中央、国务院的号召无疑是今后一个时期内，我国语言文字工作领域和语言学界、方言学界的重要使命，需要我们严肃对待，认真落实。

中国语言资源保护工程于 2015 年启动，已于 2019 年顺利完成第一期建设任务。针对我国传统语言方言文化现象快速消失的严峻形势，语保工程专门设了 102 个语言文化调查点（包括 25 个少数民族语言文化点和 77 个汉语方言文化点），按照统一规范对语言方言文化现象开展实地调查和音像摄录工作。

为了顺利开展这项工作，我们专门编写出版了《中国方言文化典藏调查手册》（商务印书馆，2015 年）。手册制定了调查、语料整理、图册编写、音像加工、资料提交各个阶段的工作规范；并编写了专用调查表，具体分为 9 个大类：房屋建筑、日常用具、服饰、饮食、农工百艺、日常活动、婚育丧葬、节日、说唱表演，共 800 多个调查条目。

调查方法采用文字和音标记录、录音、摄像、照相等多种手段。除了传统的记音方法以外，还采用先进的录音设备和录音软件，对所有调查条目的说法进行录音。采用高清摄像机，与录音同步进行摄像；此外，对部分语言方言文化现象本身（例如婚礼、丧礼、春节、元宵节、民歌、曲艺、戏剧等）进行摄像。采用高像素专业相机，对所有调查条目的实物或活动进行拍照。

这项开创性的调查工作获得了大量前所未有的第一手材料。为了更好地保存利用这批珍贵材料，推出语保工程标志性成果，在教育部语言文字信息管理司的领导下，在商务印书馆的鼎力支持下，在各位作者、编委、主编、编辑和设计人员的共同努力下，我们组织编写了《中国语言文化典藏》系列丛书。经过多年的努力，现已完成50卷典藏书稿，其中少数民族语言文化典藏13卷，汉语方言文化典藏37卷。丛书以调查点为单位，以调查条目为纲，收录语言方言文化图片及其名称、读音、解说，以图带文，一图一文，图文并茂，EP同步。每卷收图600幅左右。

我们所说的"方言文化"是指用特殊方言形式表达的具有地方特色的文化现象，包括地方名物、民俗活动、口彩禁忌、俗语谚语、民间文艺等。"方言文化"是一个新的研究领域，需使用的调查、整理、加工方法对于我们当中很多人来说都是陌生的，要编写的图册亦无先例可循。这项工作的挑战性可想而知。

在此，我要向每一个课题的负责人和所有成员道一声感谢。为了完成调查工作，大家不畏赤日之炎、寒风之凛，肩负各种器材，奔走于城乡郊野、大街小巷，记录即将消逝的乡音，捡拾散落的文化碎片。有时为了寻找一个旧凉亭，翻山越岭几十里路；有时为了拍摄丧葬场面，与送葬亲友一同跪拜；有人因山路湿滑而摔断肋骨，住院数月；有人因贵重设备被盗而失声痛哭……。在面临各种困难的情况下，大家能够为了一个共同的使命，放下个人手头的事情，不辞辛劳，不计报酬，去做一项公益性的事业，不能不让人为之感动。

然而，眼前的道路依然崎岖而漫长。传统语言方言文化现象正在大面积地快速消逝，我们在和时间赛跑，而结果必然是时间获胜。但这不是放弃的理由。著名人类学家弗雷泽说过："一切理论都是暂时的，唯有事实的总汇才具有永久的价值。"谨与大家共勉。

曹志耘

2022年4月13日

目录

序

引　言　　　　　　　　　1
  一　湘潭　　　　　　　2
  二　湘潭方言　　　　　4
  三　凡例　　　　　　　8

壹·房屋建筑　　　　　　13
  一　住宅　　　　　　　16
  二　其他建筑　　　　　40
  三　建筑活动　　　　　52

贰·日常用具　　　　　　57
  一　炊具　　　　　　　60
  二　卧具　　　　　　　66
  三　桌椅板凳　　　　　71
  四　其他用具　　　　　77

叁·服饰　　　　　　　　89
  一　衣裤　　　　　　　90
  二　鞋帽　　　　　　　94
  三　首饰等　　　　　　98

肆·饮食　　　　　　　　101
  一　主食　　　　　　　104
  二　副食　　　　　　　110
  三　菜肴　　　　　　　118

伍·农工百艺　　　　　　129
  一　农事　　　　　　　132
  二　农具　　　　　　　153
  三　手工艺　　　　　　159
  四　商业　　　　　　　174
  五　其他行业　　　　　177

陆·日常活动	189	玖·说唱表演	283
一 起居	192	一 口彩禁忌	286
二 娱乐	197	二 俗语谚语	288
三 信奉	211	三 歌谣	293
		四 曲艺戏剧	296
		五 故事	303
柒·婚育丧葬	221		
一 婚事	224	调查手记	311
二 生育	234		
三 丧葬	237	参考文献	316
捌·节日	253	索 引	317
一 春节	256		
二 元宵节	264	后 记	326
三 清明节	270		
四 端午节	274		
五 其他节日	278		

引言

一 湘潭

战国时期，今湘潭县域属楚国，隶属长沙郡。秦灭楚，置临湘县，今县地属临湘县，隶属长沙郡。西汉，析临湘置湘南县，治所在今湘潭县花石镇，今县地分属湘南县和临湘县，隶属长沙国。三国吴太平二年（257年），分临湘立湘西县，今县地分属湘南、湘西县，隶属衡阳郡。南朝齐建元二年（480年），湘南县废。今县地分属湘西、湘乡、新康县。梁天监年间（502—519年），分阴山县立湘潭县，湘潭县始立，县地多在今衡东县境，隶属湘东郡。隋开皇九年（589年），湘潭县域扩大，将茶陵、攸水、阴山、建宁县并入，今株洲县凤凰山以北部分地域亦属湘潭县。衡山县域亦扩大，湘西、湘乡、新康县部分并入，今县地属衡山县，隶属潭州长沙郡。唐天宝八年（749年），湘潭县大部分划属衡山县，衡山县北部划属湘潭县，县治移至洛口（今湘潭县县城易俗河镇），隶属潭州。五代十国时期，县域属马殷楚国，隶属潭州长沙府。宋代，湘潭县隶属荆湖南路潭州。元贞元年（1295年），湘潭县升为州，隶属湖广行省潭州路。明初，湘潭复降为县，隶属长沙郡。此后，县民多从江西迁入。清咸丰四年（1854年），太平军袭占县城。曾国藩以侍郎督师专征东南，治兵衡阳，倚湘潭为饷源，其后筹饷皆取自湘潭，且大兴县城。自此，沿江十余里，商贸繁荣，时称"天下第一壮县"。民国三年（1914年），湘潭县隶属湘江道。民国十一年（1922年）撤道，隶属湖南省。

1949年，湘潭县域隶属长沙专区。1950年，县城关区析出，建县级湘潭市。1951年，株洲镇及太平桥等7乡从县境析出，建株洲市。1959年，析出五星、卫星、星星、上游四个公社及红旗公社的一部分和雷打石镇入株洲市。1968年，析出韶山区建省属韶山特区，1990年独立为县级韶山市。目前，湘潭县总面积2134平方公里，辖14个镇、3个乡。

历史上的湘潭县县域面积远大于今天，曾包含今天的湘潭市区、湘潭县、株洲市、韶山市。本书所说的湘潭县指今湘潭县，少数材料来自湘潭市雨湖区。

今湘潭县位于湖南省中部偏东，湘江下游西岸，北纬27°20′00″—27°50′44″，东经112°25′30″—113°03′45″。东临株洲市、株洲县，东南隔湘江与衡东县相望，南与衡山县接壤，西南与双峰县相邻，西与湘乡市接界，西北与韶山市毗连，北与湘潭市相接，隶属湖南省湘潭市。县人民政府驻易俗河镇。

湘潭县境内平原、岗地、丘陵、山地四种地貌俱备，以平原、岗地为主。属亚热带季风湿润气候，春、夏、秋、冬四季分明。交通便捷，距黄花国际机场40分钟车程。境内107国道、长衡西线高速公路、武广高速铁路纵贯南北；320国道、潭邵高速公路、湘黔铁路横亘东西。湘江和涓水、涟水穿越县境。

目前全县总人口96.9万，基本为汉族人。

湘潭县历史名人有彭德怀、齐白石等。

湘潭县别名"莲城"。1995年，全国"首届中国特产之乡"命名大会上，湘潭县被命名为"中国湘莲之乡"。

（本节关于湘潭县历史沿革、行政区划、人口等信息均来自湘潭县人民政府官网。网址：www.xtx.gov.cn）

0-1 ◆ 湘莲种植基地

二 湘潭方言

（一）概述

湘潭县方言属湘语长益片长株潭小片。全县方言内部差异不大，大多乡镇的方言与县城易俗河镇方言比较一致，方言差异稍大一些的乡镇一般处于县境边界地区，如：青山桥镇、石鼓镇，与双峰县、湘乡市接壤，方言带双峰、湘乡口音；云湖桥镇与韶山市毗连，方言带韶山口音；茶恩寺镇方言与易俗河镇方言差别较大，共5个声调，入声并入阳去读[24]调，比较独特。不管差异大小，县内方言均可互相通话。老派方言与新派方言存在一定差异。如老派声母分尖团，新派多不分尖团；老派韵母 [ɒ][iɒ][uɒ][yɒ] 中的 [ɒ] 为后圆唇 [ɒ]，新派大多读央 [ᴀ]，记作 [a]；老派韵母 [æ][uæ][yæ] 中的 [æ]，新派大多读 [e]。以下几个韵母，横线左边为老派读音，右边为新派读音：[iĩ—iẽ]，[yõ—yẽ]，[uŋ—ã]，[õ—õ]。以上新派读法见说唱表演章中的曲艺戏剧语料。

0-2 ◆ 雨湖公园

（二）声韵调

下面所记方言为湘潭县城易俗河镇八角村老派方言。

1. 声母 23 个，包括零声母

p 八兵爬	pʰ 派片破	m 麦门马	f 飞饭灰
t 多甜毒	tʰ 讨天拖		l 老连脑南
ts 资酒茶	tsʰ 刺清初		s 三想山
tʂ 竹纸城	tʂʰ 抽车撤		ʂ 手使十　ʐ 人日
tɕ 见船穷	tɕʰ 春轻吃	ȵ 年泥女	ɕ 顺书县
k 高共九	kʰ 开捆看	ŋ 熬我岸软	x 好活瞎
∅ 味安王热月			

说明：

① [l] 声母有 [n] 的自由变体。古泥母字在今细音前多读 [n] 声母，但也有少数字读 [l] 声母，如"你"读 [li⁴²]。

② 古见组字在今细音前多读 [tɕ、tɕʰ、ɕ] 组声母，部分读 [k、kʰ、x] 组声母。读 [tɕ、tɕʰ、ɕ] 组声母的部分字舌面稍靠后，接近 [c、cʰ、ç] 组声母。

2. 韵母 40 个，包括自成音节的 [n]

ɿ 丝师刺资　　　　i 米戏急七　　　　u 过白苦五谷　　　y 猪雨出橘
ʅ 试十直尺文

ɑ 茶牙白塔辣　　　iɑ 牙文写吃锡白　　uɑ 瓦瓜袜刮　　　yɑ 抓茄
æ 耳北色白　　　　　　　　　　　　　uæ 拐国　　　　　yæ 靴月缺决
e 二车文射文热　　ie 豆白走白接节　　　　　　　　　　　ye 水吹追锤
o 歌盒托壳　　　　io 药学雀削
ə 很白去白
ai 开排鞋大　　　　　　　　　　　uai 快外怪歪
ei 赔对飞岁　　　　　　　　　　　uei 鬼卫桂骨白
au 宝桃饱帽　　　iau 笑桥表交
əu 豆文走文六绿　　iəu 秋就油流
ã 南山贪暗　　　　iã 病白星白平白井白　uã 顽弯关惯
ɔ̃ 硬白争白
ø̃ 半短官换　　　　　　　　　　　　　　　　　　　　　yø̃ 权原砖船
　　　　　　　　　ĩ 盐年天灯白
ən 深根升东　　　　in 心新病文兄　　uən 滚文困温　　　yn 春云军荣
　　　　　　　　　iuŋ 响酱亮江　　　uŋ 糖双讲白硬白
n̩ 嗯

3. 单字调 6 个

阴平　　[33]　　东该风天通春

阳平　　[213]　　铜皮红门牛油

上声　　[42]　　懂古苦草买有

阴去　　[45]　　冻半四快寸墓文

阳去　　[21]　　地饭路乱动墓白

入声　　[24]　　谷节哭拍六毒

说明：

①阳平字单独发音时，起点略带曲折，后段高于起点，记作 [213]。在词句中曲折不明显，整体是低升调，变调为 [13]。

②上声字 [42] 在有些非上声字前降幅稍减，变调为 [43] 或 [44]。

③部分阳去字文读阴去 [45]。

④入声字单独发音时，略带曲调，调值接近 [214]。

三 凡例

（一）记音依据

本书所记方言为湘潭县城易俗河镇八角村方言。八角村距易俗河镇4公里，方言与易俗河镇方言一致。主要发音人陈光益先生，1954年在八角村出生，从未长时间离开过此地，小学文化，务农。

（二）图片来源

本书收录湘潭县方言文化图片600余幅。图片拍摄者主要为本书作者，陈郁拍摄了一部分图片。个别图片由他人提供，注明拍摄者姓名，例如"5-79◆星星（朱瑶瑶摄）"。

这些图片主要在2016年至2017年拍摄，拍摄地点主要是湘潭县易俗河镇、乌石镇、白石镇、射埠镇、麦子石学校、中路铺镇、云湖桥镇、排头乡、湘潭市雨湖区。

（三）内容分类

本书所收湘潭县方言文化条目按内容分为9大类34小类：

（1）房屋建筑：住宅、其他建筑、建筑活动
（2）日常用具：炊具、卧具、桌椅板凳、其他用具
（3）服饰：衣裤、鞋帽、首饰等
（4）饮食：主食、副食、菜肴
（5）农工百艺：农事、农具、手工艺、商业、其他行业
（6）日常活动：起居、娱乐、信奉
（7）婚育丧葬：婚事、生育、丧葬
（8）节日：春节、元宵节、清明节、端午节、其他节日
（9）说唱表演：口彩禁忌、俗语谚语、歌谣、曲艺戏剧、故事

（四）体例

（1）每个大类开头先用一段短文对本类方言文化现象做一个概括性的介绍。

（2）每个条目均包括图片、方言词、正文三部分，说唱表演部分只有方言、正文两部分。

（3）各图单独、连续编号，例如"1-1"，短横前面的数字表示大类，短横后面的数字是该大类内部图片的顺序号。图号后面注明拍摄地点（一般为村级名称）。图号和地名之间用"◆"隔开，例如"1-1◆乌石"。

（4）在图下写该图的方言词及其国际音标。

（5）正文中出现的方言词用引号标出，并在一节里首次出现时注国际音标，对方言词的注释用小字随文夹注；在一节里除首次出现时外，只加引号，不注音释义。为便于阅读，一些跟普通话相同或相近的方言词，在同一节里除首次出现时外，不再加引号。

（6）同音字在字的右上角加等号"="表示，例如：马=周 [mɒ⁴²tʂəu³³]抓周。无同音字可写的音节用方框"□"表示，例如：□田 [luŋ⁴²tiĩ¹³]进一步整平泥土。

（7）方言词记实际读音，如有变调、儿化音变等现象，一律按连读音记，轻声调值一律标作"0"，例如：晒楼子 [sai⁴⁵ləu¹³tsɿ⁰]。

壹·房屋建筑

在新中国成立以前，一般老百姓住土砖房子，盖黑瓦或茅草。用茅草盖顶的土砖房子叫"茅屋"[mau¹³u²⁴]，土砖房子大多只有一层；有钱的大户人家住青砖房子。新中国成立后，尤其是20世纪80年代以后，以红砖、木材为主要材料的砖木结构房子大量兴起，叫"红砖子屋"[xən¹³kyð³³tsʅ⁰u²⁴]，红砖房子大多为一层或两层。2000年以后，普通民居多为砖混结构的"楼房屋"[ləu¹³xuŋ¹³u²⁴]，一般建两层到四层不等，外贴瓷砖，厨房、厕所设在室内，不再另外搭建。现在只在一些偏僻的乡村保留着少数传统风格的普通民居。

湘潭县城所在地易俗河镇自古为三湘名镇，唐天宝八年至南宋年间，湘潭县治设于此镇，古称洛口，为中国四大米市之一，总共有三街、六巷、十二码头。现在只在

易俗河老街留存一部分青石板路面和部分码头。有一栋陈旧的高大青砖建筑，是从前的"郭正泰粮行"，历史悠久，是当时最为壮观的建筑，今保存在易俗河老街，折射出当年米市的辉煌。

湘潭还保存或修复了一些古建筑，如窑湾的唐兴桥、望衡亭，砚井社区的砚井，以及龙兴寺、大杰寺等著名寺庙。但碾坊、油榨坊、砖窑、瓦窑、石灰窑等建筑已经基本消失。

湘潭县历史悠久，出了不少历史名人，保留了一些名人的故居，如：彭德怀故居，是典型的院落式民居；齐白石故居，是典型的土砖茅屋。通过这些名人故居可以了解湘潭县一部分早期民居建筑的风格。

一 住宅

一担柴屋 [i²⁴tã⁴⁵tsai¹³u²⁴]

　　三合院式民居，砖木结构，白墙黑瓦，带围墙与大门。"一担柴"湘潭方言谐音"一担财"，有吉祥的含义。整个房子组成一个"凹"字形平面，像用"扦担"[tsʰiĩ³³tã⁴⁵]两头尖的挑柴工具挑着

1-1 ◆ 乌石

两捆柴,故名。三合院有正房三间,正房两侧突出部分的屋子叫"横桃屋"[fən¹³tau¹³u²⁴]厢房,是平时吃饭的房间。房子一侧单独建了"碓屋"[tei⁴⁵u²⁴]。现在这种结构的房子在当地其他地方很难见到,图1-1是彭德怀故居。

1-2 ◆千江

推耙钩屋 [tʰei³³pɒ¹³kie³³u²⁴]

只在正房的一头带"横挑屋"的房子。正房与"横挑屋"构成"7"字形,像推磨用的"推耙钩"推磨的"7"字形长柄,故名。房子为砖木结构,只一层,正房住人,"横挑屋"是用来做饭和吃饭的屋子,当地农村目前还保留着这种类型的房子。

茅屋 [mau¹³u²⁴]

用茅草盖顶的土砖房子。现已罕见,图1-3是齐白石在湘潭县的故居,土砖墙,茅草盖顶,只一层。正房三间,中间为"挑屋"[tau¹³u²⁴]堂屋,正房两侧突出部分为"横挑屋",属"一担柴"式结构。

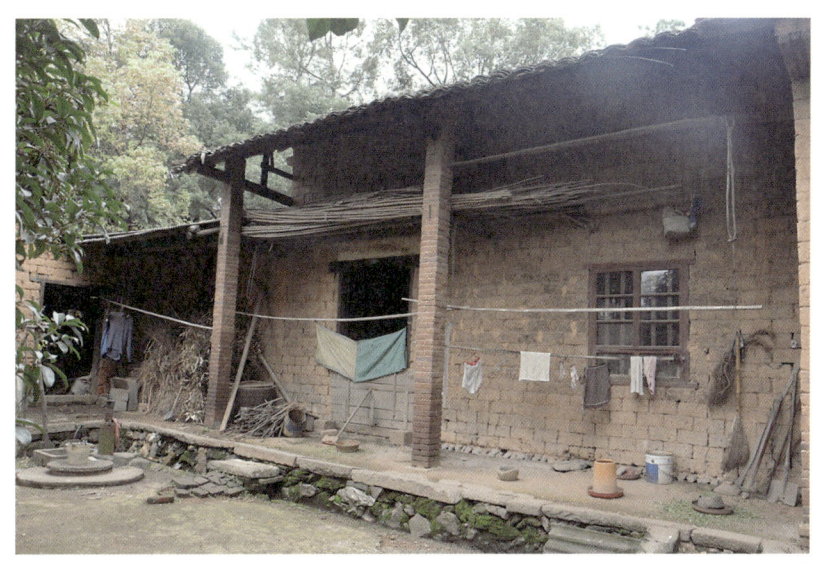

1-4◆上马

土砖屋 [tʰəu^{42}tɕyø̃^{33}u^{24}]

用土砖和木材建成的砖木结构的房子。“土砖屋”是 20 世纪 70 年代以前当地农村民居的主要类型。门口柱子叫“伞柱”[sã^{42}tɕy^{21}]，用红砖砌成。房子一般为一层，在房子的一侧独立建厕所、杂屋或牛栏等。

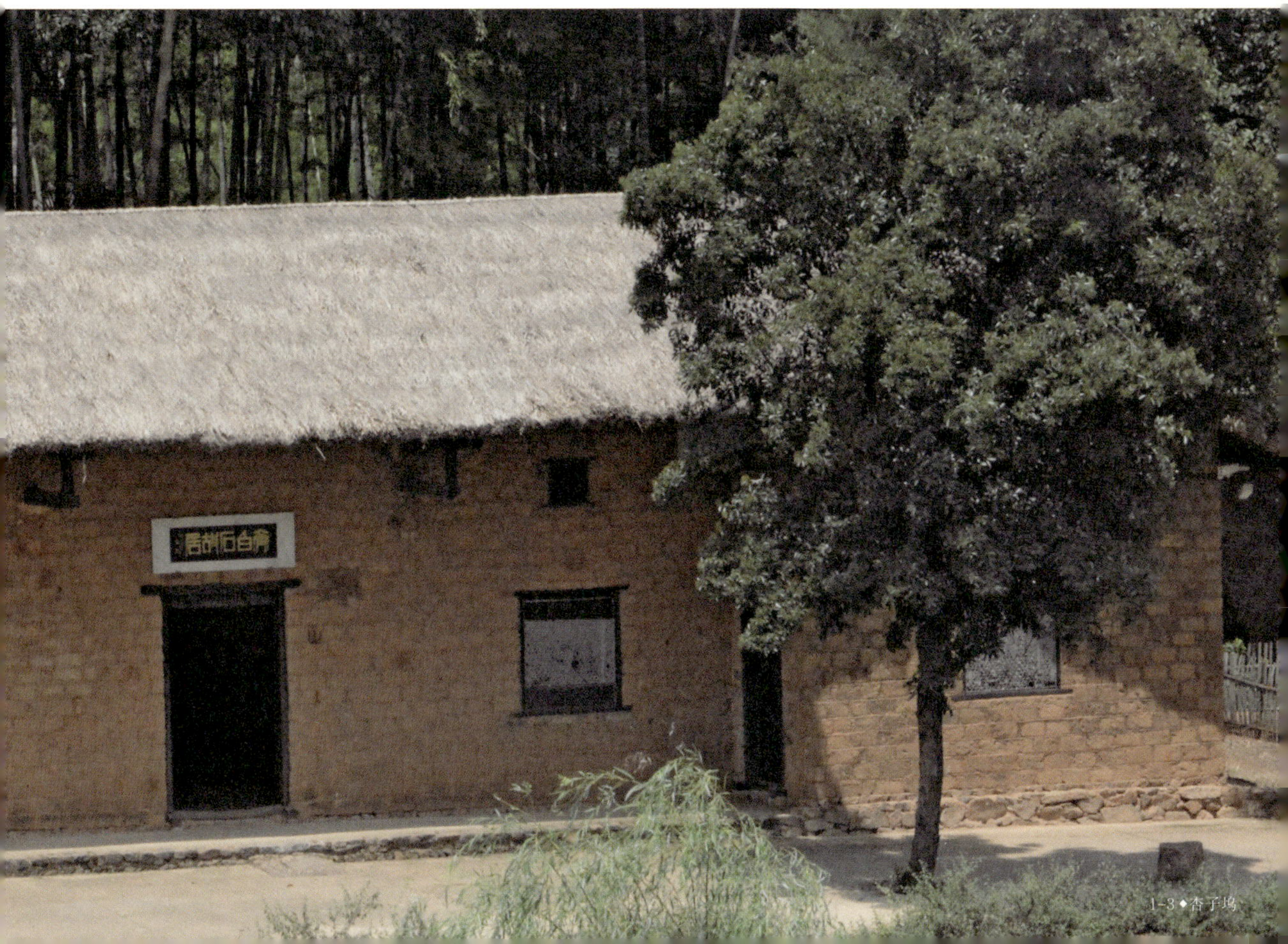

1-3◆杏子坞

1-7◆檀树湾

楼房 [ləu¹³xuŋ⁰]

用钢筋、水泥和红砖建造的砖混结构房子。自2000年以来,当地普通民居多为砖混结构的楼房,又叫"楼房屋",一般建两层到四层不等,外贴瓷砖,有的只在房子的正面贴瓷砖,屋顶盖彩色瓷瓦或钢筋水泥板。

平房屋 [pin¹³xuŋ¹³u²⁴]

只有一层的房子。结构与"一担柴屋"的结构类似,三间正房,中间一间是"祧屋",两侧突出部分只有1米多长,从这里开门,进去是厨房,里间是厕所。

1-6◆大塘

1-8 ◆ 乌石

祧屋 [tau¹³u²⁴]

正房居中一间较大的屋子，即堂屋。"祧"原指祭远祖的庙，后来指继承上代。堂屋叫"祧屋"，沿用了"祧"的本义。"祧屋"是祭祖的地方，正面墙上设有神龛，神龛上摆放祖宗的牌位或遗像，神龛下摆一张八仙桌，祭祖时摆放香烛祭品等。"祧屋"平时是家人活动或迎客吃饭的地方，也是新人结婚时拜堂、老人去世时设置灵堂的地方。

清水墙屋 [tsʰiã³³ɕye⁴²tsiuŋ¹³u²⁴]

用红砖和木材建成的砖木结构房子，因墙壁没有粉刷，所以叫"清水墙屋"，又叫"红砖子屋"。20世纪80年代以后，这类房子大量兴起，有一层的，也有两层的。

1-5 ◆ 上马

1-9 ◆八角

灶屋 [tsau⁴⁵u²⁴]

厨房。厨房中最重要的用具是灶，故名。旧式灶烧柴火，灶上设三到四个灶膛，放饭锅、菜锅、烧水壶等。图1-9为新式灶，灶台上有两个灶膛，灶台右边是洗碗池。"灶屋"中还有碗柜、案板等，与灶台组合为一体，称为"组合灶"[tsəu⁴²xo²⁴tsau⁴⁵]。

人字水 [in¹³tsʅ²¹ɕye⁴²]

两面坡的屋顶。因其形状像一个"人"字，故名。当地多见。

1-12 ◆乌石

1-10◆尹家冲

屋栋 [u²⁴tən⁴⁵]

屋脊。一般在屋脊处竖立着放一列瓦或压上一列砖，形成"屋栋"。因其正好在房子的栋梁主梁上，故名。祠堂、庙宇类"屋栋"上有装饰，图1-10是尹氏宗祠的"屋栋"，上面有二龙戏珠的装饰，除了美观外，还有镇宅避灾的寓意。

一拖水 [i²⁴tʰo³³ɕye⁴²]

一面坡形状的屋顶叫"一拖水"，也叫"一倒水"[i²⁴tau⁴⁵ɕye⁴²]，名称反映出下雨时屋顶雨水的走势。一面坡屋顶的屋子叫"披屋子"[pʰi³³u²⁴tsŋ⁰]或"偏厦"[pʰiĩ³³sa²¹]，搭建在正房的一侧或两侧，屋顶紧贴着正房的墙壁。"披屋子"一般用作厨房、厕所、杂屋或猪圈。

1-11◆上马

1-17 ◆ 十八总码头

1-16 ◆ 乌石

青砖墙 [tsʰiã³³kyø̃³³tsiuŋ¹³]

用青砖砌成的墙壁。以前豪门大户的房子、祠堂等都是这种墙，现在极少保留。

明瓦 [min¹³uɒ⁴²]

用玻璃钢制作的瓦。设置在光线不好的屋子顶上用来采光。

四方垮 [sɿ⁴⁵xuŋ³³kʰuɒ⁴²]

指四面坡的屋顶。因其四面都形成坡度，向下倾斜，似乎要"垮"下去，故名"四方垮"。四面坡屋顶的房子目前在当地已很少见。

1-13 ◆ 上马

汉瓦 [xã⁴⁵uɒ⁴²]

一般烧制而成的黑瓦，又叫"麦子瓦"[mɒ²⁴tsɿ⁰uɒ⁴²]。"汉瓦"得名于"秦砖汉瓦"，秦汉时期制陶业的生产规模、烧制技术等，都超过了以往任何时代，其中最富特色的是秦砖与"汉瓦"。"麦子瓦"取麦子的"小"义，因为单片的黑瓦在整个房屋建筑中很小。

1-15 ◆ 八角

草屋面 [tsʰau⁴²u²⁴miĩ²¹]

盖茅草或稻草的屋顶。湘潭方言管屋顶叫"屋面"[u²⁴miĩ²¹]。草屋顶就地取材，经济实用，1949年以前当地农村民居这种屋顶较多见，现已少见。

1-14 ◆ 杏子坞

1-18◆洪家湾

红砖墙 [xən¹³kyø̃³³tsiuŋ¹³]

　　用红砖砌成的墙壁。20世纪80年代以后,一般民居都用红砖砌墙。有的不粉刷,有的在墙上抹水泥,有的在墙上刷涂料(以白色为主),有的在墙上贴瓷片。

土砖墙 [tʰəu⁴²kyø̃³³tsiuŋ¹³]

　　用土砖砌成的墙壁。随着土砖房子的淘汰,"土砖墙"现在很少见了。

1-20◆上马

1-19 ◆正泰坪

竹篾墙 [tʂəu²⁴mie²⁴tsiuŋ¹³]

　　用竹篾编成的墙壁。纯木结构房子的墙壁一般用木板。为节约木材，部分墙壁用竹篾编成，两面糊泥，外面涂上石灰，墙面为白色。纯木结构房子在当地很少见。

马头墙 [mɒ⁴²təu¹³tsiuŋ¹³]

　　指高于屋顶的墙垣，因形状酷似马头，故名。一些老式建筑如过去豪门望族的四合院、祠堂、庙宇等多带马头墙，图1-21是湘潭县白石乡尹氏宗祠的马头墙，新民居都没有马头墙。

1-22 ◆正泰坪

晒楼子 [sai⁴⁵ləu¹³tsʅ⁰]

房屋二楼的阳台和走廊。在上面可以晒太阳，边上的围栏可晒衣被。

正桃屋门 [tʂən⁴⁵tau¹³u²⁴mən¹³]

堂屋的大门。堂屋叫"桃屋"或"正桃屋"。"正桃屋门"是两扇对开的门，门上方两角的装饰叫"门垛希⁼"[mən¹³to²⁴ɕi³³]。

大门闩子 [tai²¹mən¹³sõ³³tsʅ⁰]

两扇对开的大门的闩子。由四根条木组成"井"字形，两根竖木分别固定在两扇门上，两根横木是活动的闩子，插入与竖木对应的口子里即可把门闩上。

1-25 ◆乌石

1-26 ◆乌石

1-23 ◆ 乌石

槽门 [tsau¹³mən¹³]

带围墙的院子、祠堂、豪门大户等院落式建筑的大门。图 1-23、图 1-24 是彭德怀故居院子的"槽门",有两扇对开的门,上有茅草盖顶。图 1-23 与图 1-24 分别是从院子外面、里面看"槽门"。

1-24 ◆ 乌石

1-29◆尹家冲

1-30◆乌石

花窗子 [fɒ³³tsʰuŋ³³tsɿ⁰]

　　梁子装成精致花格子形状的窗户，显得美观高雅。多见于庙宇、祠堂、豪门望族住宅。

木窗子 [mo²⁴tsʰuŋ³³tsɿ⁰]

　　较早期的一种窗户。窗户梁子装成格子形状，竖梁粗，横梁细，没有安玻璃，需要时糊上报纸或皮纸，后来有的蒙上塑料薄膜。

刹门子 [sɒ²⁴mən¹³tsɿ⁰]

　　堂屋门外面的矮门。堂屋为通风采光，常敞开大门，大门外安上"刹门子"用来防鸡、鸭、狗等动物进入屋内，矮门为木栅栏式。现在当地农村尚有。

1-27◆竹山

1-31◆十八总码头

天窗子 [tʰiĩ³³tsʰuŋ³³tsɿ⁰]

房顶上为通风、采光而开设的窗子，高出屋顶。现在这种窗子在当地已经很少见了。

地方磉墩 [ti²¹xuŋ³³suŋ⁴²tən⁴²]

木门下面托住门框两侧直木的木头。门框两侧的直木叫"门栋方"[mən¹³tən⁴⁵xuŋ³³]，两根"地方磉墩"托住"门栋方"，往外伸出一截，里头一截托住门扇的转轴。两根"地方磉墩"中间的横木叫"地方"[ti²¹xuŋ³³]。

1-28◆乌石

1-32◆尹家冲

板梯 [pã⁴²tʰi³³]

　　阶梯为木板的梯子，有的带扶手和栏杆，一般固定在楼房的两层之间供人上下。

1-33 ♦正泰坪

天井 [tʰiĩ³³tsiã⁴²]

旧式宅院中房子和房子之间围成的露天井状空地，空地四周用石块砌成长方形或正方形。与之对应的屋顶也呈长方形或正方形。这种天井只有祠堂、庙宇或大户人家的院落中才有。这是湘潭县易俗河镇老街正泰坪萧家祠堂中的天井。该祠堂后来改为小学，殿堂、戏台等都已改建，唯独这个天井还保存完好。

1-34 ◆尹家冲

四合院 [sɿ⁴⁵xo²⁴ø̃⁴⁵]

由东、西、南、北四面房子围合起来形成的内院式住宅。在当地很少有四合院，图1-34是湘潭县白石乡尹氏宗祠的内院，尹氏宗祠是传统式祠堂建筑，算不上典型的四合院。

篱笆子 [li¹³pɒ³³tsɿ⁰]

篱笆。多用竹片、小竹子、树枝等围成，带有篱笆门，大多环绕在房屋旁边的菜地周围，防禽畜等进入。

1-36 ◆杏子坞

1-35◆中路铺

坪 [piã²¹³]

房子前面的空地，有的带围墙或栅栏。"坪"是人们在户外活动的空间，现在许多人家用来停放车辆，收获季节可在"坪"上晒谷物。

鸡网子 [ki³³uŋ⁴²tsɿ⁰]

围在田的周围用来防鸡鸭的网子，多用粗尼龙丝编成。现在农村种稻子多采用"直播" [tsɿ²⁴po²⁴] 的方式，把发了芽的谷种直接撒到田里。为防鸡鸭啄食谷种，用"鸡网子"围在田的周围。

1-37◆赤湖

1-38◆筱里

巷子 [xuŋ²¹tsɿ⁰]

较窄的街道。图1-38是湘潭县射埠镇的一条老街巷，街道两边房子的墙壁原为"竹篾墙"或"青砖墙"，现在多为外贴瓷片的"红砖墙"，"竹篾墙"或"青砖墙"只留下一些残迹。路面原为青石板，现在变成了水泥路面。

1-39◆正泰坪

麻石路 [mɒ¹³ʂɒ⁴⁵ləu²¹]

  用麻石铺成的路。麻石耐磨损，成本比较低，以前城区街道多为这种路。现在大多已经改造成水泥路或柏油路。

石隥子 [ʂɒ⁴⁵tʰən⁴²tsʅ⁰]

  石头台阶，用石块砌成。现在多用砖块和水泥砌成。

1-40◆和顺塘

村庄 [tsʰən³³tsuŋ³³]

农民聚居的地方。湘潭县多丘陵,很多村庄坐落在山脚,背靠青山,面临农田。村名多带"山""冲""坳"字,如"洛山""张家冲""黄泥坳"等;接近水塘的村庄名称多带"塘"字,如"大方塘""槐塘"等。村民的房子多为砖混结构的新式楼房。

1-41 ◆ 大方塘

二 其他建筑

1-43◆杏子

猪栏屋 [ky³³lã¹³u²⁴]

单独建造的猪圈。猪圈的门上安几根木梁做栅栏，防止猪跑出来，其命名理据与栅栏有关。现在农村很少养猪，这种猪圈也极少见了。有的乡村有养猪专业户，如石潭镇古城村是养猪大村，不少养猪大户建了养猪场。

茅司屋 [mau¹³sʅ³³u²⁴]

厕所，多建于正房的两侧或后面。有的厕所是独立的房子，有的厕所屋顶为一面坡，紧贴着正房，叫"披屋子"或"偏厦"。从前厕所屋顶上多盖茅草或树皮，故名"茅司屋"，其中"司"字源自古代的厕所"东司"。

1-42◆上马

1-44 ◆竹山

1-46 ◆竹山

猪栏 [ky³³lã¹³]

与住房连在一起的猪圈。建于住房两侧或后面的"偏厦"中，用矮水泥墙围成一格一格的，养的猪多时方便分开喂养。以前农村种地需要肥料，猪粪是主要来源，因此几乎家家养猪。现在种地用化肥，农家很少养猪。

鸡埘 [ki³³tsɿ⁴⁵]

晚上关鸡的地方，一般砌在"偏厦"内厨房或厕所旁边，用红砖或水泥砌成，在外墙上凿一个洞供鸡出入。"鸡埘"上边或旁边设有鸡窝，内铺稻草，放上引蛋吸引母鸡来下蛋。

牛栏屋 [ɲiəu¹³lã¹³u²⁴]

牛圈，一般单独建在住房的一侧。牛圈的门上横着安几根粗木梁，防止牛跑出来。现在耕田多用耕田机，不用牛，因此农家很少养牛，"牛栏屋"也很少见了。

1-45 ◆星星

湘潭　壹·房屋建筑

1-47◆李家湾

鸡笼子 [ki³³lən¹³tsʅ⁰]

  关鸡的笼子。用竹子和竹篾做成，有方形或圆形等不同形状，鸡笼安有可抽上插下的门。白天鸡大多放出去觅食，晚上关在鸡笼或"鸡埘"里。

砚井 [iĩ⁴⁵tsiã⁴²]

  水井。位于易俗河镇，水呈清墨色。《湘潭县志》记载："砚井井栏南墙原有石碑，碑文首句为'宋太史路常洗砚池也'。此碑已不存。"故名"砚井"。

1-49◆砚井

鸭屋 [ŋp²⁴u²⁴]

1-48◆竹山

专门喂养鸭子的屋子。很简陋，用红砖或空心砖块砌墙，以水泥板盖顶。白天养鸭人把鸭子放出去觅食，晚上关在"鸭屋"里。

露天井 [ləu⁴⁵tʰiĩ³³tsiã⁴²]

打在院子里的井，现在一般都加上水泥井盖。井口圆形，当地农村人家一般用此类水井。以前打水用水桶和井绳把水从井里吊上来，现在大多安上了水泵，在房顶安一个水塔，装上自来水管，形成自来水系统。

摇井 [iau¹³tsiã⁴²]

手动摇水泵，又叫"摇泵"[iau¹³puŋ⁴⁵]。在井里安放一个潜水泵，用一根水管连接井内潜水泵与地面上的摇水泵，通过手摇水泵产生动力，将水压上来。农村有了"露天井"自来水系统后，"摇井"逐渐废弃了。

1-50◆八角

1-51◆赤湖

湘潭 壹·房屋建筑

43

1-52 ◆尹家冲

歇凉亭 [ɕie²⁴liuŋ¹³tin¹³]

　　老式亭子。一般修建在村子的大路边，供村民或过路人休息、避雨。由木架子搭成，很简陋。老式亭子在当地已很难见到。

风景亭 [fən³³kin⁴²tin¹³]

　　新式亭子。近些年在当地新修了一些亭子。有的建在大马路旁，除了供行人休息、乘凉、避雨外，还可以美化环境；有的建在景区或者公园内，以美化环境为主要目的，故名。

1-53 ◆雨湖

1-54◆窑湾

望衡亭 [uŋ⁴⁵xən¹³tin¹³]

位于湘潭市湘江北岸石嘴垴陶公山下,占地面积近1000平方米,亭分三层,为花岗岩结构。四周修有红色院墙,亭前有一巨石,上面刻有"望衡亭"三个红色大字。该亭始建于晋,历史上曾几毁几建。

1-55◆窑湾

1-56 ◆尹家冲

牌楼 [pai¹³ləu¹³]

做装饰用的建筑物,多建于要道口。图 1-56 是湘潭县白石乡尹家冲村口的牌楼,四根粗木柱子支撑楼顶,以长瓦盖顶,两边搭建简易矮楼。近些年来,不少村子在村口新建了牌楼。

牌坊 [pai¹³xuŋ³³]

用于表彰忠孝节义人物的传统建筑物。图 1-57 是一座四柱三门的石牌坊,位于湘潭市雨湖公园,为表彰两位女子而建。

1-57 ◆雨湖路

湘潭 壹·房屋建筑

47

1-58◆乌石

1-59◆乌石

碓屋 [tei⁴⁵u²⁴]

　　用来安放碓的屋子，还可以放石磨、农具等。碓是舂米的用具，在没有碾米机的时代，碓是人们日常生活中必不可少的用具，农村富裕的家庭一般有独立的"碓屋"，现在已很难见到。图1-58是彭德怀故居的"碓屋"。

碓 [tei⁴⁵]

　　舂米的用具，由石臼、碓砸、踏板和碓架子构成。把稻谷放在石臼中，用脚连续踩踏踏板，带动碓砸连续起落，舂掉石臼中稻谷的外壳，再继续舂米，可以把糙米的外皮去掉。20世纪60年代以后，碾米机进入农村，碓逐渐被淘汰。

平板桥 [pin¹³pã⁴²tɕiau¹³]

　　整个桥面用石块砌成平面，像平的板子，故名。桥下面用多根石柱支撑。"平板桥"施工较简单，在比较小的河面上常见。

1-62◆尹家冲

1-60◆石壁

1-61◆窑湾

磨子 [mo²¹tsʅ⁰]

　　石磨。由两块磨盘、安放磨盘的木架子和"推耙钩"[tʰei³³pɒ¹³kie³³]推磨的"7"字形长柄构成。以前，"磨子"是家家户户必备的用具，当地一般没有专门的磨坊，石磨放在走廊上供大家使用，现在已罕见。

水磨 [ɕye⁴²mo²¹]

　　专门用来磨黄豆打豆腐的磨。因黄豆必须用水泡好，连水一起磨，故名。磨过的黄豆粉末带水，因此水磨下的接盘是带有边沿的石槽，石槽出口处放石盆接磨好的汁水。现在水磨已废弃不用了。图中两架水磨叠放在一起，上面放了一个大石盆。

唐兴桥 [tuŋ¹³ɕin³³tɕiau¹³]

　　"唐兴桥"位于湘潭市窑湾陶公港与湘江交汇处，桥下小河在此汇入湘江，原名"壶山桥"[fu¹³sã³³tɕiau¹³]，唐高宗时更名为"唐兴桥"。该桥是湘潭市区现存最古老的石拱桥，单孔，桥长32米，宽8米，桥身与桥面均由花岗岩石砌成，桥面两边有由34根花岗岩石柱构成的围栏，每根栏柱上立有狮、虎、象、龙、鹿、猴、兔等动物石雕。该桥为湘潭市文物保护单位。

1-63◆窑湾

1-64 ◆上马

渡槽 [təu⁴⁵tsau¹³]

  桥梁式水槽。跨越农田，两端与渠道相接，通过渠道与水源连接，把水引入稻田。主要用石块、混凝土及钢筋等材料建成。

筧 [kiĩ⁴²]

  引水的竹管，安在田地间引水灌溉农作物。竹管可以是整根竹筒，也可以把竹管劈开用半边。把筧安在上一丘田的出水口处或其他水源处，把水引到需要灌溉的地方。

1-65 ◆高丰

1-66◆十八总码头

码头 [mɒ⁴²təu¹³]

江河沿岸供停船时装卸货物和乘客上下的建筑。图1-66是位于湘潭市窑湾的十八总码头。"十八总"指这一段沿江的老街，过去商业十分繁荣，有米行、油行、水果杂品行等，十八总码头曾十分热闹繁忙，呈现"日过桅帆千杆，夜泊舟船十里"的盛况。

船墩子 [tɕyø̃¹³tən³³tsʅ⁰]

固定在码头上用于系拴船的绳子的水泥墩子。图1-67是湘潭市十八总码头上的两个"船墩子"，现已废弃。

1-67◆十八总码头

三 建筑活动

1-71 ◆龙口

砌壁 [tsʰi⁴⁵piɒ²⁴]

砌砖墙。打好地基或打好桩以后，往上砌砖墙，需要一层一层往上搭架子，施工人员站在架子上砌砖墙。

挖地基 [uɒ³³ti²¹tɕi³³]

盖房子首先要挖地基，请泥瓦匠拉绳画线，做好规划。一般要选择良辰吉日动工。土质松的要深挖，一直挖到见硬底，土质紧的一般也要挖1米左右，才能保证房子盖好后稳固。

下屋脚 [ɕiɒ²¹u²⁴tɕio²⁴]

砌墙脚。在挖好的槽状地基中砌红砖，砖块之间不能架空。墙脚砌好后，再往上砌墙。

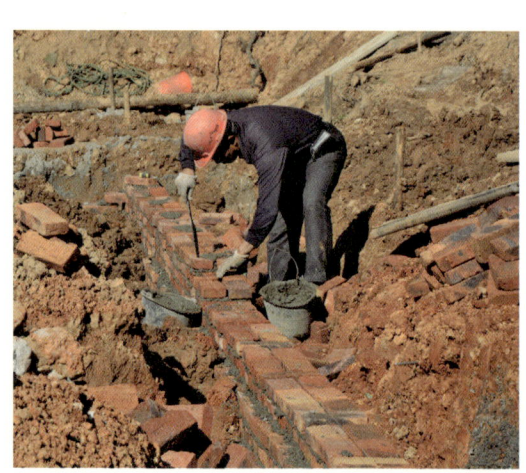

1-68 ◆茅塘

1-69 ◆茅塘

1-72◆八角

留字 [liəu¹³tsʅ²¹]

在主梁上写上盖房人姓名。盖砖木结构房子，当地有在主梁上"留字"的习俗。上梁前，在主梁上写上盖房人姓名及日期。如"某某某、某某某（一般是房主夫妻二人的名字）率全家于某年某月某日建房"，其中"全家"要具体到儿子、媳妇、孙子的名字。

打桩 [tɒ⁴²tsuŋ³³]

一种打地基的方式。盖砖混结构房子时，一般不采用挖地基的方式，而是采用"打桩"的方式。房子有多少根柱子，就打多少个桩。用打桩机打洞，取出土来，洞中安放模板，在模板中插好钢筋，灌入混凝土，形成钢筋水泥柱子。

1-70◆中路铺

1-74◆八角

祭梁 [tsi⁴⁵liuŋ¹³]

  建房仪式之一。上梁是建房中最重要的环节,一般会举行仪式,包括"祭梁"、"赞梁" [tsã⁴⁵liuŋ¹³] 等。上梁前,在主梁上系红布,民间认为红布有辟邪破煞的作用;还要绑四季常青的松枝竹叶于主梁两头,寓意万古长青,房屋长久不朽。摆好"上梁祭品" [ʂuŋ²¹liuŋ¹³tsi⁴⁵pʰin⁴²],一般是红烛一对、香、纸钱、酒、鸡、肉、鱼等,请木匠主师在供桌前"祭梁"。之后,一边放鞭炮,一边由众人把主梁升上房顶。主梁安好后,"祭梁"木匠主师一边唱段子,一边把事先准备好的公鸡轻掐至鸡冠出血,将鸡冠血涂于梁上,用鸡血"祭梁",以除煞气,祈求房子根基牢固,诵祝房舍平安长久,主家人兴财旺。

1-73◆八角

1-76◆八角

上梁完工 [ʂuŋ²¹liuŋ¹³ø̃¹³kən³³]

  把主梁安装在房顶，整个上梁仪式结束。主梁是整座房屋的中心，安装好主梁就完成了建房中的一个重要任务。随后，主人设宴款待匠人、帮工和亲朋好友，并分发红包。

赞梁 [tsã⁴⁵liuŋ¹³]

  建房仪式之一。主梁安好后，匠人将糖果、花生、馒头、铜钱、"金元宝"等从梁上抛向四周，让前来看热闹的男女老幼争抢，人越多主家越高兴，意为"财源滚滚来"。现在简化为"撒糖粒子"[sã⁴⁵tuŋ¹³li⁴⁵tsʅ⁰]，把糖块撒向众人，边撒边"赞梁"，"赞梁"词如："东边一朵紫云开，西边一朵祥云来，两朵祥云齐喝彩，伙计师傅好口才。一赞哒了栋，二赞哒了梁，三赞哒荣华富贵与天长。"

1-75◆八角

九天東廚司命灶君
下界保平安

贰·日常用具

日常用具在湘潭方言里统称为"屋里用的"[u²⁴li⁰in²¹ti⁰],湘潭方言里还有"零星家伙"[lin¹³sin³³tɕiŋ³³xo⁴²]的说法,专门用来指小的器具,如杯子、镜子、梳子等。

湘潭县平原、岗地、丘陵、山地四种地貌俱备,适合各种树木生长,人们就地取材制作各种日常家具。桌椅板凳、卧具、部分炊具等都用木材、竹子制作,有木制的脸盆,竹制的小孩摇床、盛饭用具,笋壳、藤条编的针线筐等。因树木多,乡间生火做饭用柴火,灶称为"柴灶"[tsai¹³tsau⁴⁵]。"柴灶"的用途很广,灶上可以安放各种锅,

有用来煮猪食的大锅,炒菜、煮饭、烧水等各种不同的锅。灶在厨房中处于核心地位,因此厨房在湘潭方言中叫"灶屋"[tsau^{45}u^{24}]。可见灶在人们生活中的重要性,也体现了"民以食为天"的观念。烧火用具除了一般的火钳外,还有火铲子、火叉子、吹火筒等多种用具。

　　随着经济的发展,这些竹木制造的用具已逐渐被工厂批量生产的金属、塑料制品替代,许多传统的器具制作技术、工艺也已经失传,"柴灶"也慢慢被煤炉子、液化气灶取代。

一 炊具

2-1 ◆八角

柴灶 [tsai¹³tsau⁴⁵]

烧柴火的灶。图 2-1 是当地农村中最常见的"柴灶",一般用水泥和红砖砌成弓形,有的还贴上瓷片。烧火的一面叫"灶口"[tsau⁴⁵kʰəu⁴²],背面叫"灶背"[tsau⁴⁵pei⁴⁵]。整个灶设有三到四个灶膛,分别摆放各种锅具。灶膛边嵌入温水的"温坛"[uən⁴⁵tã¹³](见图 2-5)。图 2-2 是一种比较简单原始的"柴灶",仅用水泥、砖块砌个方池,从房梁上挂一根铁丝下来,下面带钩子,用来挂带提梁的锅和烧水壶。现在"柴灶"已慢慢被煤炉子、液化气灶取代。

2-2 ◆星星

2-3 ◆ 八角

2-4 ◆ 星星

饭炉锅 [fã²¹ləu¹³ko³³]

用生铁制成的饭锅，嵌在灶膛中，用来蒸饭或煮饭。现在多用高压锅或电饭煲。

耳锅子 [e⁴²ko³³tsʅ⁰]

炒菜用的锅，因两边各带一个耳子而得名。锅盖以前都是木板做的，现在多用金属。

温坛 [uən⁴⁵tã¹³]

固定在灶膛边温水的锅。铁制品，圆柱形，有盖。当地的灶无论是烧柴火或煤，都会在两个灶膛间设置一至两个"温坛"用来温水，供日常使用。"温"本为阴平 [33]，这里读阴去 [45]，声调特殊。

饭甑 [fã²¹tsiĩ⁴⁵]

蒸食物的炊具，带盖，底部有饭甑箅，放在铁锅中蒸食物。蒸饭时先把米放入另一锅中煮至半熟，然后用"燎箕" [liau¹³ki³³] 笊篱捞出，放在饭甑箅上，盖上盖子蒸，开锅后再蒸二十分钟左右即可。

2-5 ◆ 八角

2-6 ◆ 八角

2-8 ◆筱里

火叉子 [xo⁴²tsʰɒ³³tsɿ⁰]

烧火用的工具。下端是铁叉子，上端是木柄，烧柴火时用来叉柴送入灶中，还可以用来拨弄柴火。

2-9 ◆筱里

火铲子 [xo⁴²tsʰã⁴²tsɿ⁰]

铲柴灰的工具。下端是铁铲子，上端是木柄。火铲子的另一用途是把木柴燃烧后形成的"火炽子" [xo⁴²tʂʰʅ⁴⁵tsɿ⁰] 类似木炭铲出来放到瓮坛中，加盖使之熄灭，用作燃料。

吹火筒 [tɕʰye³³xo⁴²tən¹³]

烧柴火的用具，用竹筒制成。打通竹节，只在用嘴吹的一端留竹节，在该竹节中间钻一个小孔，烧火时从小孔对着火苗向灶里吹气，使火烧得更旺。

包壶 [pau³³fu¹³]

茶壶的一种。不带提梁，无盖，用一瓷碗放在壶口上，用来装水喝，也可当盖子用。

2-10 ◆星星（朱瑶瑶摄）

2-7 ◆八角

2-11 ◆乌石

2-12 ◆八角

水桶 [çye⁴²tʰən⁴²]

挑水工具。图 2-11 是一种老式水桶，桶身较大，桶板和上梁厚实，梁上系绳子，用扁担来挑水。图 2-12 是后来制作的一种水桶，比图 2-11 的水桶桶身小一些，桶板薄，提梁细，水桶更轻便，可肩挑或手提。

勺子 [ʂo⁴⁵tsɿ⁰]

竹水勺，由一截带底的竹筒和木柄两部分构成。水勺可在水缸中舀水，随着自来水的普及，水勺、水缸逐渐被废弃。

篾燎箕 [mie²⁴liau¹³ki³³]

一种老式笊篱，由竹篾编成，用竹片做柄，做饭时用来捞米，现在多用金属丝制作。

2-13 ◆八角

2-14 ◆八角

湘潭 贰·日常用具

刷婆 [sɒ²⁴po¹³]

刷锅的炊帚。把一节竹子去掉篾黄，保留篾青，劈成细条，用篾条捆紧一头即成。湘潭方言中称呼炊帚为"刷婆"，称呼扫把为"扫婆"[sau⁴⁵po¹³]。用"婆"做构词后缀，很有方言特色。

2-15◆八角

印粑模 [in⁴⁵pɒ³³mo¹³]

2-16◆八角

做"印粑"[in⁴⁵pɒ³³]带有花纹的饼类食物的模子。"印粑"的制作方法是：按比例把普通米粉和糯米粉加水和匀，放入锅里边烧边搅拌，烧至七八成熟后，放入"印粑模"中压紧，倒出来就是带有花纹的"印粑"。

2-19◆八角

菜碗 [tsʰai⁴⁵ø̃⁴²]

盛菜用的碗。以前农村办红白喜事请人吃饭，自家碗不够用，互相借碗，担心弄混了，就在碗底刻上名字。

汤碗 [tʰuŋ³³ø̃⁴²]

盛汤用的碗，大而厚实，主要用来盛炖好的带汤的鸡、猪蹄等。汤碗上面也刻有名字。

2-20◆八角

2-17 ◆八角

擂钵 [lei¹³po²⁴]

　　研磨辣椒、胡椒等食材的陶器，用来研磨的木槌叫"擂槌"[lei¹³tɕye¹³]。"擂钵"口大底小，内侧刻有细密的纹路。

2-22 ◆八角

筷笼子 [kʰuai⁴⁵lən¹³tsɿ⁰]

　　装筷子的器具，多为木制品或竹制品，一般分为两格，一格放筷子，一格放勺子。正面镂空，便于通风透气。现在的"筷笼子"多为塑料制品。

2-18 ◆八角

油盐坛罐 [iəu¹³iĩ¹³tã¹³kɤ̃⁴⁵]

　　陶器，中间有提手，每边一个小罐子，一个装油，另一个装盐，故名。在湘潭方言中，"油盐坛罐"常用来比喻关系密切的两个人。

碗柜 [õ⁴²kuei²¹]

　　放碗、菜等的木柜子，大都外涂红漆。一般分为五层：上面第一层带有柜门，里面可放菜；第二层为抽屉，放零星小物品；第三层外面安小木条，里面放碗；第四层底部有向外突出的台面，可以放洗碗盆洗碗，放砧板切菜；最下面一层是空的，底部有架子，用来放洗碗盆、坛子等器皿。

2-21 ◆八角

湘潭　贰·日常用具

2-23 ◆乌石

林盘床 [lin¹³pɵ̃¹³tsuŋ¹³]

老式雕花木床。带有雕花架子，架子的上半部分为两层：第一层有三个小拱，每个拱里嵌一块玻璃画；第二层连着"挡扇子"[tuŋ⁴²ʂã⁴⁵tsʅ⁰]床的正面两侧竖置的雕花木板，把整个床的正面"盘"了起来，故名。床的正面与两侧均有精致的镂空雕花，床前放踏板和床头柜。完整的一套"林盘床"包括床体、踏板和床头柜。

2-24 ◆乌石

五甕子床 [u⁴²uən⁴⁵tsʅ⁰tsuŋ¹³]

　　老式木床。带有做工精细的架子，架子上方是五个连在一起的"甕"[uən⁴⁵]小拱，每个"甕"上嵌一块玻璃画，故名。床的正面上半部分有镂空雕花，下半部分画有墨花（先用墨画，然后上漆）。

一字床 [i²⁴tsʅ²¹tsuŋ¹³]

　　木材制作的架子床。因床上的架子形似"一"字得名。床身一般上红漆，没有雕花，只在架子上嵌入玻璃画。床的三面围有简易栏杆。

2-25 ◆八角

2-27♦乌石

麻帐子 [mɒ¹³tʂuŋ⁴⁵tsʅ⁰]

苎麻织成的蚊帐。苎麻是自己种植的,再请织匠织成"麻帐子"。这种帐子不透气,且不美观,现在少见,一般用轻薄的尼龙蚊帐,或用电蚊香驱蚊。

印花被 [in⁴⁵fɒ³³pei²¹]

用印花棉布做成的被子。印花棉布由自己种的棉花纺织而成,再送至染坊染制。蓝底白花,图案大致分为两种:一种全是碎花,另一种是四角祥云陪衬中间的凤凰。被套、床单和枕头构成一套,过去是女方的陪嫁品,现在没有这种"印花被"了。

2-26♦乌石

2-28◆筱里

竹铺子 [tṣəu²⁴pʰu³³tsʅ⁰]

  竹子做的床，较轻便。夏天常搬到院子里乘凉，冬天可以铺上棉被当床使用。

摇窠子 [iau¹³kʰo³³tsʅ⁰]

  竹子做的婴幼儿摇床。底部有两个竹筒，可以带动摇床左右滚动。把婴儿放入摇床里，轻轻摇动，可催眠。

2-29◆八角

2-30 ◆八角

麻将席子 [mɒ¹³tsiuŋ⁴⁵si²⁴tsๅ⁰]

用竹片和尼龙绳编成的席子,因竹片大小与麻将牌相似而得名。竹片的篾青朝上,比其他席子凉快。用薄篾条编的凉席叫"篾席子"[mie²⁴si²⁴tsๅ⁰],用席草编的凉席叫"草席子"[tsʰau⁴²si²⁴tsๅ⁰]。现在多用纤维材料编的凉席。

梳妆台 [səu³³tsuŋ³³tai¹³]

供梳妆打扮的柜子。外涂红漆,上半部分嵌有镜子,下半部分有抽屉、小柜子等,右边的台子上可以放洗脸盆。梳妆台过去为女方陪嫁品。

床头柜 [tsuŋ¹³təu¹³kuei²¹]

放在床头用来装首饰等贵重小物品的小柜子。外涂红漆,分为两格:上面一格为抽屉,下面一格是小柜子。床头柜与床配套,过去一般是女方陪嫁品。

2-31 ◆乌石

2-32 ◆乌石

三 桌椅板凳

2-33 ◆乌石

抽屉桌 [tʂʰəu³³ti⁰tso²⁴]

木材制成的书桌,因桌子上层一排抽屉而得名。桌子下边左右各有一个小柜子。这种"抽屉桌"是过去大户人家中用来读书的。

八仙桌 [pɒ²⁴siĩ³³tso²⁴]

正方形木桌。外涂青漆,四方各摆一条长凳,共可坐八人,是全家人吃饭用的桌子,祭祖时用来摆放灵位、贡品,一般摆在堂屋正中靠墙的地方。八仙桌只有过去富裕人家中才有。

2-34 ◆乌石

2-35 ◆乌石

矮桌子 [ŋai⁴²tso²⁴tsʅ⁰]

　　正方形木桌，比八仙桌矮。四方各放一张带靠背的小木椅，供人们喝茶、聊天、打牌、吃饭，矮小轻便，方便搬动。

囵桌子 [lõ¹³tso²⁴tsʅ⁰]

　　圆桌，桌面涂红漆，与靠背椅子搭配使用。桌面与下面的架子是分开的，使用时把架子架起来，放上桌面，不用时桌面靠墙摆放，不占地方。一般在客人较多时供吃饭、聊天用。"囵"是圆形的意思。

2-36 ◆八角

2-38 ◆八角

睡椅 [ɕye⁴⁵i⁴²]

竹质躺椅，用来小憩、乘凉，多为老人使用。

太师椅 [tʰai⁴⁵sʅ³³i⁴²]

一种旧式的比较宽大的木椅子，有雕花靠背和扶手，两把太师椅中间放一张茶几，过去被大户人家摆放在堂屋内用于会客，一般人家没有太师椅。

2-37 ◆乌石

2-39 ◆八角

2-40 ◆八角

竹椅 [tṣəu²⁴i⁴²]

竹木制成的座椅，有扶手、靠背，很轻便，方便搬动。

木椅子 [mo²⁴i⁴²tsʅ⁰]

一种带靠背的小木椅，又叫"靠背椅子"[kʰau⁴⁵pei⁴⁵i⁴²tsʅ⁰]，无扶手。木椅子较矮，一般与矮桌子搭配使用，是当地最常用的椅子。

囵凳 [lõ¹³tiĩ⁴⁵]

凳面为圆形的凳子。"囵凳"十分小巧，外形古朴，又名"古凳"[ku⁴²tiĩ⁴⁵]。

麻拐凳 [mɒ¹³kuai⁴⁴tiĩ⁴⁵]

木质小凳子，小巧轻便。"麻拐"在湘潭方言中是"青蛙"的意思，这种小凳子矮小贴地，似趴在地上的青蛙，故名。

2-42 ◆乌石

2-43 ◆八角

2-41 ◆八角

高凳 [kau³³tən⁴⁵]

木条凳，供两人坐。凳子腿较高，因此得名。一般与八仙桌配套使用。

木踏板 [mo²⁴tʰɒ⁴⁵pã⁴²]

旧式雕花床前供上下床踏脚和摆放鞋子的木板。也有竹质的踏板，叫"竹踏板"[tʂəu²⁴tʰɒ⁴⁵pã⁴²]。

2-44 ◆八角

2-45 ◆八角

坐篮子 [tso²¹lã¹³tsɿ⁰]

　　幼儿的坐椅,为竹制品或木制品。四周有围栏,幼儿坐在里面,可以固定住身体。前面有台板,可以放杯子和碗,供幼儿喝水、吃饭。

站篮子 [tsã⁴⁵lã¹³tsɿ⁰]

　　幼儿的站椅,四周有围栏,幼儿站在里面,可以固定住身体。也可以放凳子进去供幼儿坐。

2-46 ◆筱里

木脸盆 [mo²⁴liĩ⁴²pən¹³]

　　洗脸的木盆，又叫"树脸盆"[ɕy²¹liĩ⁴²pən¹³]。现已少见，新兴的是搪瓷脸盆和塑料脸盆。

2-47 ◆筱里

雕花脸盆架子 [tiau³³fɒ³³liĩ⁴²pən¹³tɕiɒ⁴⁵tsɿ⁰]

　　用来放脸盆的木架子。分为上下两层，上层放脸盆，下层放脚盆。过去大户人家的脸盆架子有精美的雕花，有的嵌有镜子。

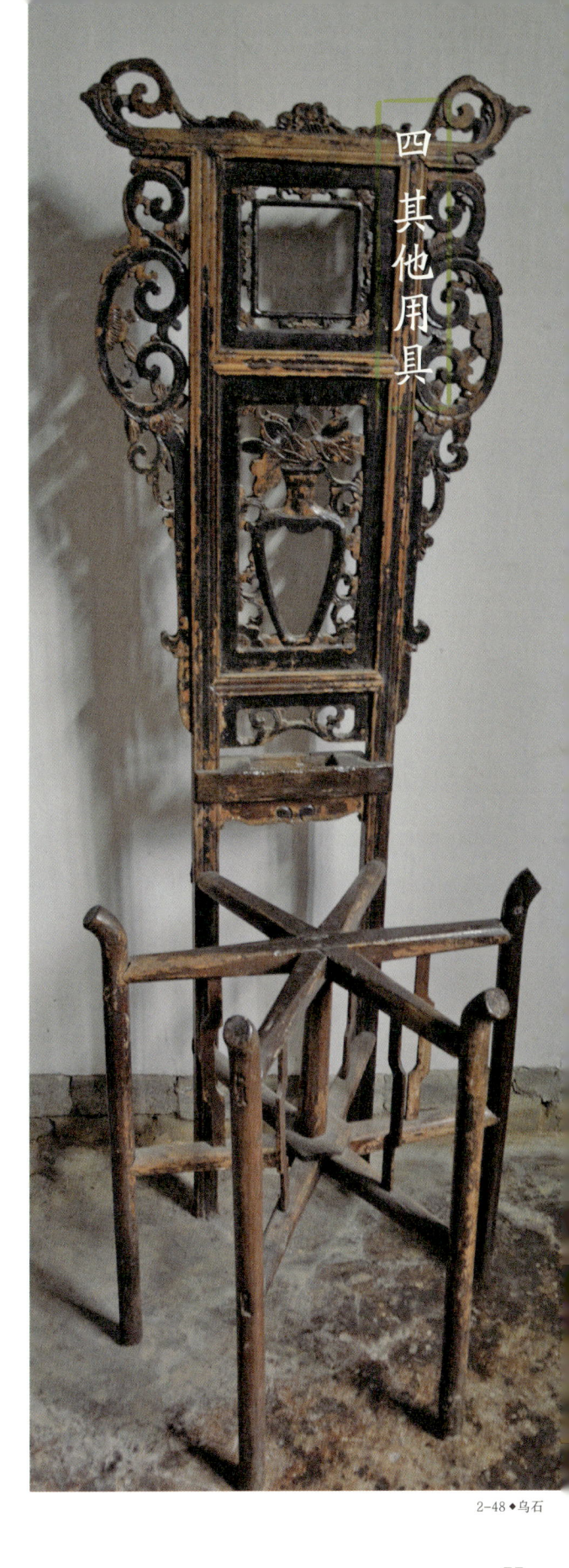

四 其他用具

2-48 ◆乌石

木脚盆 [mo²⁴tɕio²⁴pən¹³]

2-49◆八角

大木盆子。过去大木盆用来洗澡、洗衣服，也用来洗脚，现在一般用塑料盆。

槎扫婆 [tsɒ²¹sau⁴⁵po¹³]

用竹枝扎成的扫把，扫户外的坪或晒稻谷时扫稻秆等。槎，《集韵》马韵仕下切，"树枝也"。

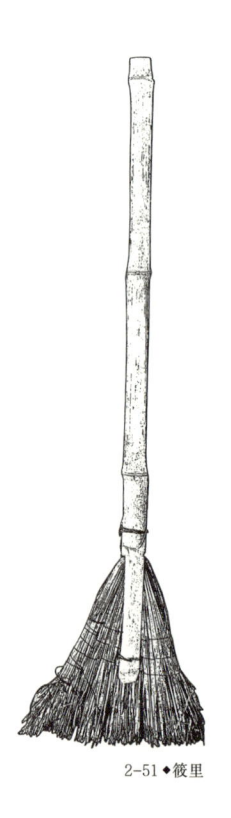

2-51◆筱里

棕叶子扫婆 [tsən³³ie²⁴tsʅ⁰sau⁴⁵po¹³]

用棕树叶子扎成的扫把，用来打扫室内卫生。现已少见，多用尼龙丝制成的扫把。

2-50◆竹山

2-52◆八角

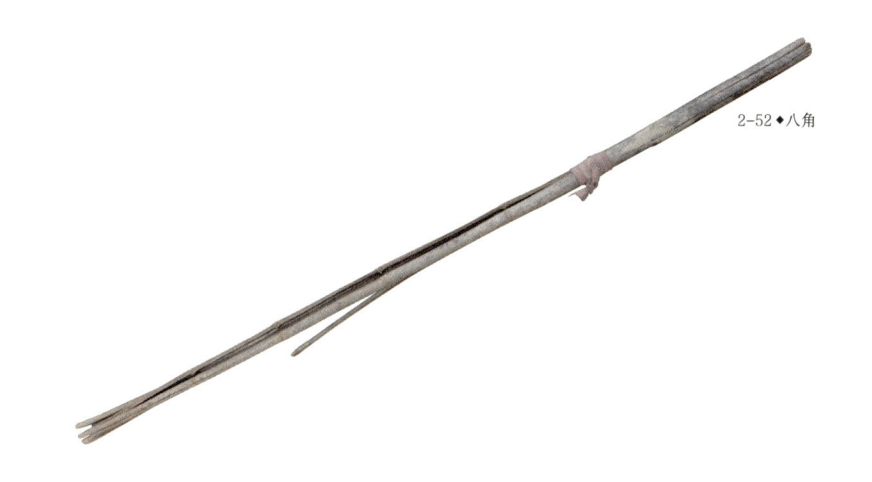

鸡扫婆 [ki³³sau⁴⁵po¹³]

  晒谷物时驱赶鸡鸭的工具。把一根竹竿的下半截劈开，握住未劈开的部分击地，可以发出较大声响驱赶鸡鸭。

竹篙 [tʂəu²⁴kau³³]

  晾衣的竹竿。用两个"三叉架"[sã³³tsʰɒ³³kɒ⁴⁵]支撑一根竹竿，固定在户外晾晒衣物。也可用铁丝或绳子把竹竿悬挂在屋檐下，下雨天晾衣服。

2-53◆竹山

2-54◆筱里

2-55◆筱里

煤油亮 [mei¹³iəu¹³liuŋ²¹]

煤油灯。上面配有玻璃灯罩，图2-54的煤油灯已经没有灯罩了。灯罩内的灯头安装灯芯，可调整灯芯来控制亮度。灯头下的玻璃容器装煤油，下有底座。湘潭方言称呼"灯"为"亮"，如电灯叫"电亮"[tiĩ⁴⁵liuŋ²¹]。灯的功能是发出亮光，称呼"灯"为"亮"的构词理据是依据功能为事物命名。

马亮 [mɒ⁴²liuŋ²¹]

马灯。带提梁，有密封的灯罩，能防风雨，夜晚提着在户外使用。底座容器中装煤油。

火箱 [xo⁴²siuŋ³³]

烤火用具。外形像小木箱子，故名。"火箱"底部放陶钵，里面盛炭火，供取暖用。陶钵上放一个带多根横梁的小木架子，方便脚踏在上面取暖，"火箱"四面都钉有木板。

炕罩子 [kʰuŋ⁴⁵tsau⁴⁵tsɿ⁰]

烤火、烤衣物的器具，也叫"炕笼"[kʰuŋ⁴⁵lən¹³]。用竹篾编成圆形或方形的罩子，放在炭火或煤火上供人烤火或烘烤衣物。烤火时，在罩子上蒙上床单或小被子，取暖效果更好。

2-58◆竹山

2-59◆麦子石集市

2-56 ◆星星（朱瑶瑶摄）

2-57 ◆筱里

桐油亮 [tən¹³iəu¹³liuŋ²¹]

用桐油照明的灯，自制而成。把竹片弯成提梁，配木底座，在底座上的容器中装桐油，中间放一根灯芯。有了煤油灯以后桐油灯就被淘汰了。

罩子烘笼 [tsau⁴⁵tsʅ⁰xən³³lən¹³]

手提的烤火用具。外壳和提梁都用竹篾编制，带罩子，可取下或罩上，内放陶钵，里面盛炭火，供取暖用。有的配有铜筷子，用来生火、拨火。当地旧俗，姑娘出嫁时，冬天要在花轿内放一个烘笼，夏天放几个红纸团，表示红火。

蒲扇 [pu¹³ʂø⁴⁵]

用棕树叶子做的扇子。把棕树叶子撕成细条，漂白后编成的扇子叫"棕叶子扇"[tsən³³ie²⁴tsʅ⁰ʂø⁴⁵]。现在有了电风扇，这些扇子已很少使用。

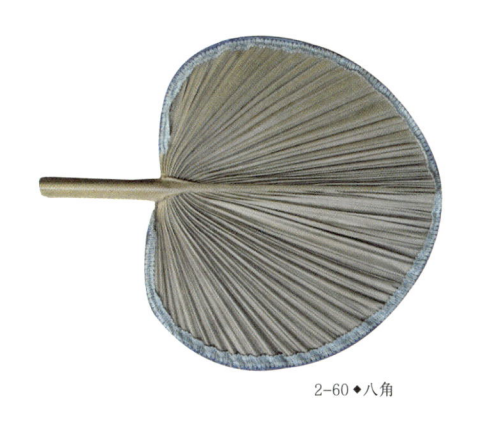

酱油坛子 [tsiuŋ⁴⁵iəu¹³tã¹³tsʅ⁰]

装酱油的坛子，口小，密封效果好。一般是店铺整坛进货，散装卖给顾客，散装酱油比瓶装酱油便宜。现在这种坛子已罕见。

2-60 ◆八角

2-61 ◆八角

2-62 ◆八角

2-63 ◆筱里

扑⁼水坛子 [pʰu²⁴ɕye⁴²tã¹³tsʅ⁰]

腌菜用的陶坛子，盖子周围放水，盖子盖上后，水起密封作用。当地农家主妇喜欢做各种腌菜，家中长年有各种腌菜。邻里间常互赠腌菜，互相介绍腌菜经验。

瓷坛子 [tsʅ¹³tã¹³tsʅ⁰]

用来装各种干食品的瓷器，有各种图案。炒熟的瓜子、花生以及晒干的冬瓜皮、南瓜皮之类，装在里面，可防止受潮发霉。

水缸 [ɕye⁴²kuŋ³³]

陶质的大缸，放在厨房里储水用。用上自来水后，水缸已基本废弃。

2-64 ◆八角

2-66 ◆八角

木箱子 [mo²⁴siuŋ³³tsŋ⁰]

多漆成红色，可上锁，用来装衣物。过去嫁女儿，木箱子是娘家必备的嫁妆。

2-67 ◆八角

挑箱 [tʰiau³³siuŋ³³]

大木箱子。方方正正，底板向外突出些，底板的前后各凿有两个穿绳子的孔，穿上绳子后可以挑着远行，故名。"挑箱"一般两只成对，过去是女方陪嫁品。

米缸 [mi⁴²kuŋ³³]

口小肚大，用来装米的陶缸。

2-65 ◆八角

首饰箱子 [ʂəu⁴²ʂʅ⁴⁵siuŋ³³tsʅ⁰]

用来装首饰的小木箱子。一般是有钱人家嫁女儿时给女儿的嫁妆，现已罕见。

2-68 ◆筱里

衣柜 [i³³kuei²¹]

旧式大立柜。里面有多层，用来装衣服，也可以放棉被，有两扇对开的柜门，可上锁。

2-69 ◆八角

猪腰子桶 [ky³³iau³³tsʅ⁰tʰən⁴²]

装米的木桶。带盖,盖子一半固定在桶上,一半可打开。因其形状似猪腰子,故名。

2-70 ◆ 乌石

谷仓 [ku²⁴tsʰuŋ³³]

储藏谷物的器具。分为上下两截,通常用水泥板制作,也有用木板制作的。水泥板制作的谷仓老鼠咬不烂。

2-71 ◆ 竹山

2-72◆竹山

腰篮子 [iau³³lã¹³tsʅ⁰]

　　竹篮子，两头宽，中间往里收，形似腰身，故名。"腰篮子"较美观，过去妇女喜欢用"腰篮子"提礼物回娘家。

饭笠子 [fã²¹li⁴⁵tsʅ⁰]

　　盛饭的竹篮子，带盖。过去为了节约时间、节约柴火，一般在做早饭时就把一天的饭一次性煮好，吃完早饭后把剩下的饭盛在"饭笠子"里面，挂在厨房的挂钩上，以防止米饭变馊。

2-73◆筱里

2-74 ◆筱里

2-75 ◆八角

麻簸子 [mɒ¹³po⁴⁵tsɿ⁰]

藤条编的针线筐，用来放针线、碎布、剪刀等。现已罕见。

笋壳子皮篓 [sən⁴²kʰo³³tsɿ⁰pi¹³ləu⁰]

用楠竹笋的外壳编制而成的小篓子，过去常用来装针线、剪刀等物品。

潲槽 [sau⁴⁵tsau¹³]

石头凿的猪食槽，可供多头猪同时吃食。

2-76 ◆竹山

以前，湘潭人的衣物多为手工制作，材料多为纯棉。如新生儿的"扯领子袄子"[tʂʰuɒ⁴²liã⁴²tsɿ⁰ŋau⁴²tsɿ⁰]、"抱裙"[pau²¹kyn¹³]、"月子帽子"[yæ²⁴tsɿ⁰mau²¹tsɿ⁰]，老人的围裙，等等。衣服的式样单调，男式中老年上衣一般为布纽扣对襟衣，女式中老年上衣一般在右边扣布纽扣，颜色以青、蓝为主。鞋子为手工制作的布鞋，下地干活多穿自己用"草鞋耙"[tsʰau⁴²xai¹³pɒ¹³]编制的草鞋。下雨天穿蓑衣，戴斗笠。毛衣、毛裤都是由姑娘、大妈们手工编织而成。城乡差别较大，城里人服装较讲究，农村人服装较朴素。

现在，人们的生活水平大大提高，衣服鞋帽多是从商店购买的成品，毛衣、毛裤也很少手工编织。衣服款式多样化，颜色也丰富多彩，春夏秋冬四季衣服各不一样。

叁·服饰

草鞋、"草鞋耙"、木屐已经从人们的日常生活中消失，只能在展室中见到。

以前，很少人戴首饰，一般只有小孩戴银质、铜质项圈或项链。现在小孩多戴银质手镯、脚镯，妇女讲究戴首饰，尤其是姑娘结婚，男方必送纯金或铂金项链、耳环、戒指一套，妇女戴手镯、手链也很流行。

可见服饰的时代性很强。如20世纪六七十年代，军用物品很流行，仿制的军服、军帽、军用挎包等在湘潭县城乡曾受到欢迎，成为一个时代在服饰上的标志。现在这些服饰早已经被淘汰。

一 衣裤

开胸子 [kʰai³³ɕin³³tsʅ⁰]

一种上衣款式。前襟对开，立领，扣子是手工做的布纽扣，可以盘成各种花样，下摆处带有两个口袋。图3-1是一件女式"开胸子"。

3-1 ◆八角

背带开裆裤 [pei³³tai⁴⁵kʰai³³tuŋ³³kʰu⁴⁵]

小孩裤子，裆部有口，有背带，能护住肚子，春秋两季最适合小孩子穿。

3-2 ◆玉莲路

中山装 [tʂən³³sã³³tsuŋ³³]

一款具有中国特色的男式服装。上身左右各有两个带盖的口袋，领口较紧，颜色多为黑色、蓝色、灰色。20世纪六七十年代，中山装作为一种正装在当地较为流行，现在很少有人穿中山装。

3-5 ◆玉莲路

3-3 ◆玉莲路

棉花袄子 [mĩ¹³fɒ³³ŋau⁴²tsʅ⁰]

　　棉衣。面子和里子都是纯棉布，中间铺棉花，很保暖。棉衣一般要配上罩衣穿，以免弄脏。这种棉衣现在已被羽绒服或化纤类棉衣取代。

扯领子袄子 [tʂʰuɒ⁴²liã⁴²tsʅ⁰ŋau⁴²tsʅ⁰]

　　新生儿穿的棉袄，手工缝制。"扯领子"是指前襟不是开在正中央，衣领和前襟扯向一边，在腋下系带子，这样护肚的效果更好。

3-4 ◆玉莲路

抹肚子 [mɒ²⁴təu⁴²tsʅ⁰]

　　肚兜，用来保护小孩肚子以免受凉。多用大红色绸缎制成，上面绣上或印上寓意吉祥的图案花纹。酷暑季节，小孩经常只穿肚兜。

3-6 ◆玉莲路

3-10 ◆八角

尿片子 [ȵiau²¹pʰĩ⁴⁵tsʅ⁰]

　　小孩的尿布。多用破旧的床单、被里子或蚊帐缝制而成。现在少见。

抱裙 [pau²¹kyn¹³]

　　冬天包裹婴幼儿的一种小被子。面子、里子都是柔软的棉布，中间铺棉花，上方穿一根带子。一般在外出时使用，把"抱裙"系在婴幼儿的腰间，大人再连被子一起抱着孩子，故名。

3-7 ◆玉莲路

围裙子 [uei¹³kyn¹³tsʅ⁰]

围裙。旧式围裙用厚实、深色的粗布做成,耐磨耐脏。有的就是一块大方布,用带子系在腰间。也有做成长袍形式的围裙。妇女做家务时,都要系上围裙来隔离油污。

蓑衣 [so³³i³³]

用棕编织成的雨具。分上衣与下摆两块,上衣肩膀部分宽大,遮雨效果较好,下摆到膝盖。胸前部分用两根带子系着。蓑衣常与斗笠配合使用。现在蓑衣早已被尼龙或塑料雨衣取代。

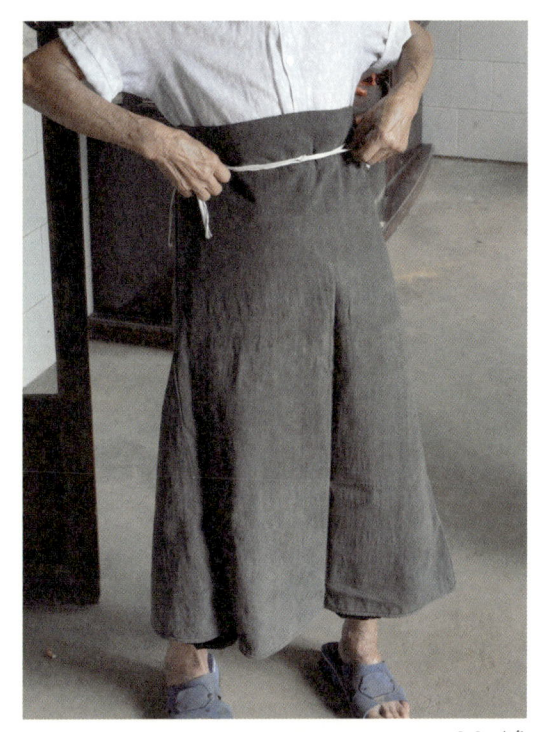

3-8 ◆ 八角

3-9 ◆ 乌石

二 鞋帽

3-11 ◆八角

红军帽 [xən¹³tɕyn³³mau²¹]

　　本指红军戴的帽子，图 3-11 中是仿制的红军帽。现在很少有人戴这种帽子。

斗笠 [təu⁴²li²⁴]

　　遮挡阳光和雨水的帽子。呈圆锥形，用竹篾夹棕丝编成，表面涂桐油。斗笠有很宽的边沿，可遮阳光和雨水，因此农村人出门干活不论晴天、雨天都会戴。

3-15 ◆八角

草帽子 [tsʰau⁴²mau²¹tsɿ⁰]

　　用水草、席草、麦秸等编成的帽子。帽檐比较宽，主要用来遮阳。因斗笠既能挡雨又能遮阳，因此当地人以前主要戴斗笠，"草帽子"是后来才使用的。

3-14 ◆八角

3-12 ◆八角

月子帽子 [yæ²⁴tsʅ⁰mau²¹tsʅ⁰]

新生儿帽子。手工缝制的简易帽子，戴在新生儿的囟门上防风，这时产妇还在月子中，故名。

3-13 ◆玉莲路

东北帽子 [tən³³pæ²⁴mau²¹tsʅ⁰]

一种棉帽子。带皮毛，有护耳，保暖效果好。因东北人冬天常戴这种帽子，故名。有各种颜色，图3-12的帽子是军绿色的。军绿色是20世纪六七十年代的流行色，当地人曾喜欢戴这种帽子，现在这种帽子很少见了。

布棉鞋 [pu⁴⁵miĩ¹³xai¹³]

手工制作的棉鞋。鞋面多为灯芯绒布料，鞋面与鞋里之间的夹层中铺了棉花，鞋底由多层碎布拼好，用手工纳成。旧时农村人多穿手工制作的布鞋，包括"布棉鞋"、"布单鞋"[pu⁴⁵tã³³xai¹³]。姑娘们一般会做布鞋，出嫁前要给男方家每人做一两双布鞋，作为嫁妆。现在都是买鞋穿，基本上没有人做布鞋了。

3-16 ◆麦子石集市

湘潭 叁·服饰

3-19◆星星（朱瑶瑶摄）

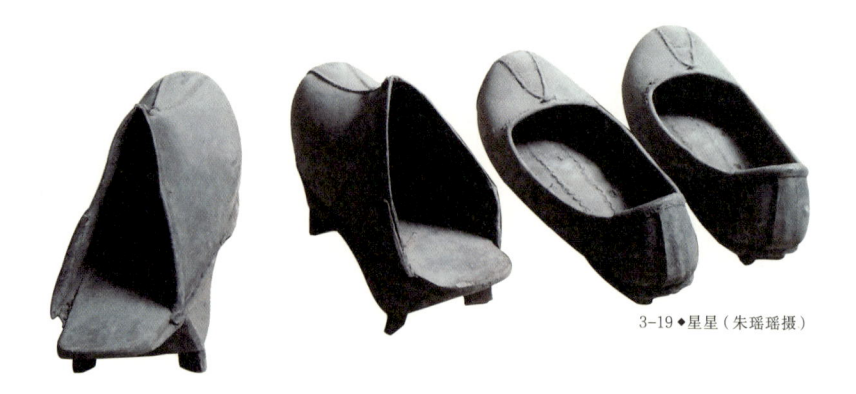

木屐 [mo²⁴ki³³]

　　一种木底鞋，木底下面有四个铁钉，牛皮鞋面，无跟。下雨天在布鞋外面套上"木屐"，当雨鞋穿。20世纪60年代以前有这种"木屐"，现在已经见不到了。图3-19的"木屐"拍于湘潭市排头乡星星村周小舟故居陈列室。左边是"木屐"，右边是"油鞋"[iəu¹³xai¹³]，"油鞋"也是下雨天穿的鞋子，用牛皮制作。

布荡底 [pu⁴⁵tʰuŋ⁴⁵ti⁴²]

　　布鞋垫。用碎布拼成，手工在鞋垫上扎上密密的针脚。有的在鞋垫上扎上图案花纹，美观，但复杂难做，往往只是姑娘们相亲时做几双赠送给男方，这种鞋垫叫"花荡底"[fɒ³³tʰuŋ⁴⁵ti⁴²]（见图3-18）。

3-17◆麦子石集市　　　　3-18◆玉莲路

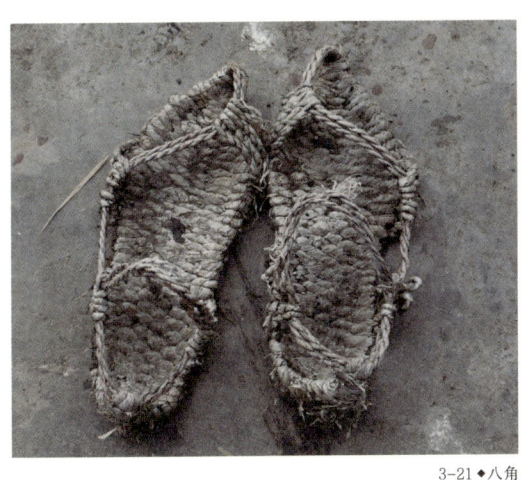

3-21 ◆八角

3-22 ◆八角

草鞋 [tsʰau⁴²xai¹³]

用稻草等编成的鞋。也有用麻、烂布条、笋壳等材料编的草鞋。用麻编的草鞋叫"麻草鞋"[mo¹³tsʰau⁴²xai¹³]（见图 3-22）。稻草编的草鞋不耐穿，麻编的草鞋结实耐穿。现在已经没有人打草鞋穿了。

草鞋耙 [tsʰau⁴²xai¹³pɒ¹³]

打草鞋的工具。带钩的部分水平方向钩在长凳的一头，人坐在长凳上，用麻或棕搓几根草鞋绳子，一头固定在"草鞋耙"的小木桩上，一头收束于一根绳子系在腰上，再把稻草编在草鞋绳子上，根据草鞋的形状定宽窄来编。

木拖板 [mo²⁴tʰo³³pã⁴²]

手工制成的木拖鞋。把木板加工成脚板的形状，前端钉上一段牛皮带，就是一双木拖鞋，简易、实用。20 世纪六七十年代前有人自制这种木拖鞋穿，现在基本上见不到这样的拖鞋了。

3-20 ◆玉莲路

3-23 ◆星星（朱瑶瑶摄）

湘潭　叁·服饰

三 首饰等

3-24 ◆玉莲路

长命富贵 [tʂuŋ¹³miã²¹fu⁴⁵kuei⁴⁵]

　　刻有"长命富贵"的锁形挂饰。挂在小孩脖子上，民间认为有保佑小孩平安成长、长命富贵的寓意。

手圈子 [ʂəu⁴²tɕʰyø̃³³tsʅ⁰]

　　手镯。有金镯子、银镯子和玉镯子等，有的配有小铃铛，小孩多戴这类饰品。

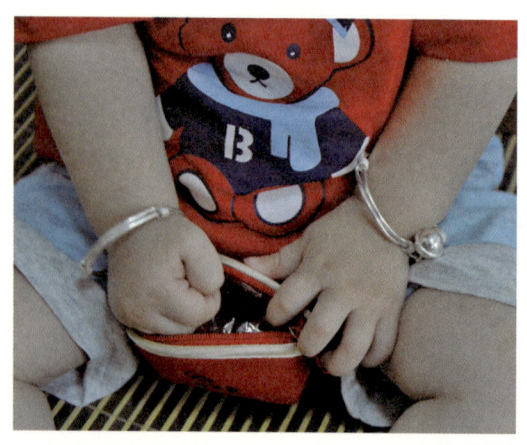

脚圈子 [tɕio²⁴tɕʰyø̃³³tsʅ⁰]

　　套在小孩脚腕上的环形装饰品。多为银质，配有小铃铛，常与"手圈子"配套佩戴，有保佑小孩平安成长的寓意。

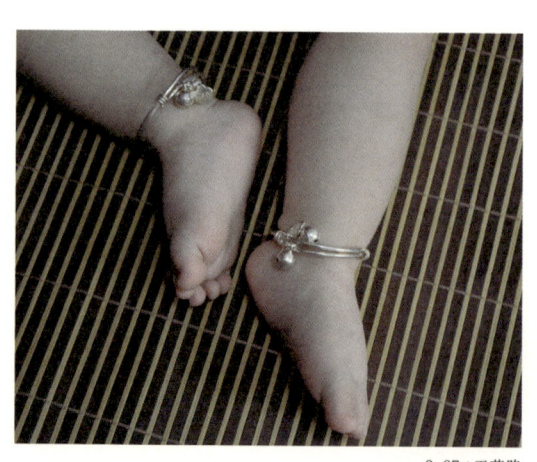

3-26 ◆玉莲路　　　　　　　　　　3-27 ◆玉莲路

3-25◆玉莲路

3-28◆玉莲路

小手巾 [siau⁴²səu⁴²tɕin³³]

小手绢,带在身上用来擦汗、擦手。男人、女人使用的小手绢不一样。男人手绢大些,花纹多为方格子;女人手绢小些,有各种花纹图案,丝绸手绢或绣花手绢更为女人喜爱。现在人们早已不用"小手巾",多用面巾纸。

玉坠子 [y⁴⁵kye⁴⁵tsɿ⁰]

玉石加工而成的首饰。有各种象征吉祥如意的形状,如貔貅、观音、弥勒佛等,配上红色挂绳,挂在脖子上。

黄书包 [uŋ¹³ɕy³³pau³³]

用军绿色布料做的书包。湘潭方言管军绿色也叫黄色,故名。20世纪六七十年代流行,现已过时。

3-30◆玉莲路

荷包 [xo¹³pau³³]

随身携带的装零钱和零碎物品的手提式小包。城镇妇女喜欢使用。多为手工制作,上面有绣花。现已不合潮流而罕见。

3-29◆八角

湘潭

叁·服饰

99

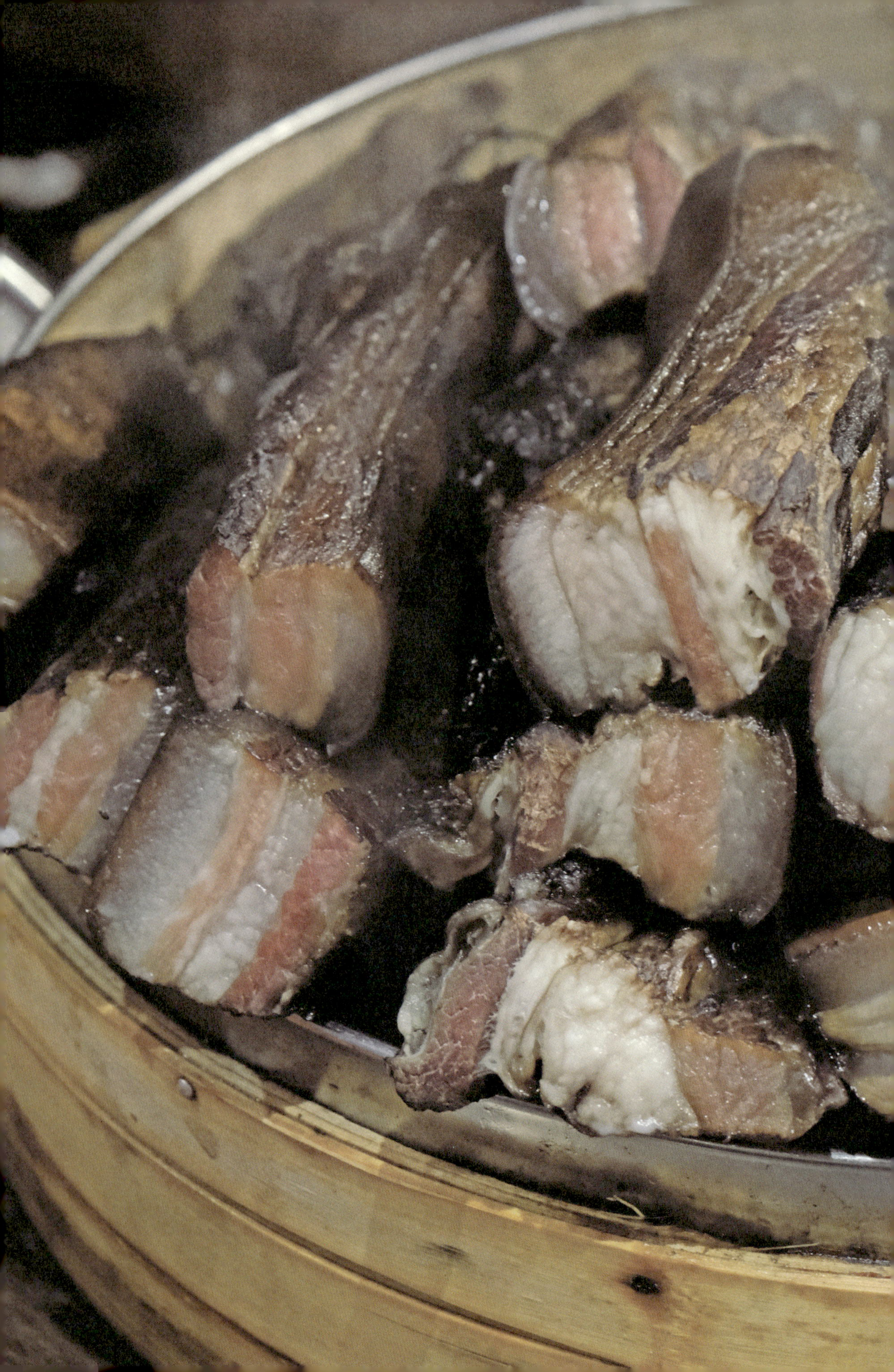

肆・饮食

湘潭县稻田多，盛产稻谷，因此米饭是当地人的主食。当地人一般中餐与晚餐吃米饭，早餐城镇人吃米粉、面条、馒头、包子等，农村人则吃面条，煎"粑粑"[pɒ³³pɒ⁰]饼类食物吃，也有吃米饭的。

在副食方面，湘潭人一个最大的特点就是喜欢嚼槟榔。当地流传这样一些民谣："槟榔越嚼越有劲，这口出来那口进，交朋结友打圈台和事，避瘟开胃解油腥。""拜年客人到我家，一口槟榔一碗茶。"说明嚼槟榔习俗在湘潭流传之盛。

湘潭荤菜以猪、鸡、鸭、鱼肉及其制品为主，习惯制作腊鱼、腊肉供平常食用和待客。

湘潭是莲藕之乡，盛产鲜藕、莲子。每逢秋季产藕时节，"藕尖"[ŋəu⁴²tsiĩ³³]莲藕的嫩尖梢、

藕片便成了湘潭人的家常菜。新鲜莲子也广受欢迎，从莲蓬中取出新鲜莲子，剥去外壳，直接食用，甜脆可口。

湘潭菜肴的一个突出特点是辣，很多菜都要放辣椒，可以说无辣不成菜。辣椒不仅作为调味品放在各种菜中，其本身还可以当菜，有"爆辣椒"[pau⁴⁵lɒ²⁴tsiəu³³]、"煨辣椒"[uei³³lɒ²⁴tsiəu³³]、"剁辣椒"[to⁴⁵lɒ²⁴tsiəu³³]等菜品，或者菜品中以辣椒为主，鱼、虾、肉等只做配菜。

随着人们生活水平的提高，当地人也开始追求健康食品、绿色食品，一些原来只是喂猪的"红薯叶子""莴笋叶子""萝卜叶子"也成了餐馆和家中受欢迎的时尚蔬菜。

一 主食

饭 [fã²¹]

4-1◆玉莲路

　　米饭。湘潭县稻田多,盛产稻谷,因此饭是本地人的主食。本地人一般中餐与晚餐吃米饭,早餐城镇人吃米粉、面条、馒头、包子等,农村人吃面条、"粑粑"[pɒ³³pɒ⁰]饼类食物、米饭等。

馒头 [muŋ¹³təu¹³]

　　当地常见的面食,一般做早餐。在面粉中加入酵母(或老面)、水、白糖揉成团,发酵后蒸制而成,松软、香甜,通常为方形。一般家庭很少自己做,多由店家制作。

面 [miĩ²¹]

　　面条。当地人常吃的一种早餐。当地人爱吃辣椒,面条中加入红红的辣椒面或辣椒油,整碗都是红红的。

4-4◆板塘铺

4-3◆百花路

4-2 ◆八角

燎饭 [liau¹³fã²¹]

一种做饭的方法。在锅中把米煮开，用"燎箕"[liau¹³ki³³]笊篱把煮开的米捞出来，再放在蒸锅或饭甑中蒸熟。"燎"在湘潭方言中是"焯"的意思。

米粉 [mi⁴²fən⁴²]

以大米为原材料，经浸泡、磨浆、蒸煮和压条或刀切等工序制成的条状、片状食品。是当地人最主要的早餐。有"早上不嗦快速吃米粉的动作一碗粉，就似于等于是有没吃过早饭"的说法。米粉根据形状不同分为"囵米粉"[lø¹³mi⁴²fən⁴²]圆米粉和"扁米粉"[piĩ⁴²mi⁴²fən⁴²]片状米粉两种，根据烹饪方式的不同有汤粉、卤粉、炒粉等。

4-5 ◆百花路

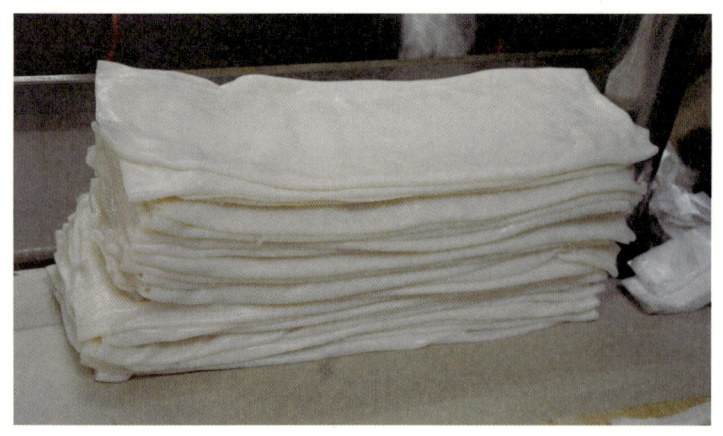

4-6 ◆百花路

米粉皮 [mi⁴²fən⁴²pi¹³]

大米加工而成的食品。米粉中的"扁米粉"由手工加工成一张张"米粉皮",用刀切成片状而成;"囵米粉"用机器压制而成,呈圆条形。

做手工米粉 [tsəu⁴⁵ʂəu⁴²kən³³mi⁴²fən⁴²]

手工加工"米粉皮"。把大米浸泡好,用石磨磨成米浆,在蒸盘上倒上薄薄的一层米浆,放蒸笼中蒸熟,或在沸水中烫熟,冷却后用竹片刮下来,稍晾一下即成。现多为机器加工,有的店铺用传统方法加工,以"石磨手工米粉"为卖点吸引顾客。

4-7 ◆板塘铺

4-8◆板塘铺

米粉调料 [mi⁴²fən⁴²tiau¹³liau²¹]

米粉的调味配料。湘潭人嗜辣,所以在湘潭粉店的早餐桌上总是摆着各种各样的辣椒调料供顾客选择,包括辣椒榨菜、剁辣椒、辣椒粉、油泼辣椒、盐辣椒和辣椒酸豆角,还有酱油和醋。这些米粉调料都是免费的,任客人自取。

烤饼 [kʰau⁴²pin⁴²]

一种早餐食品。用未发酵的面团擀成一张大饼,刷油后对折几下,再擀成薄饼煎烤而成。在饼的表面涂辣酱肉末,出锅时再撒上葱花和少许芝麻,香辣可口,深受当地人喜爱。购买时按需要再切成小块,方便食用。

4-9◆百花路

4-10 ◆百花路

4-11 ◆百花路

包子 [pau³³tsʅ⁰]

早餐食品之一。按馅的口味分为糖包子、菜包子。糖包子蒸熟后白糖融化，咬一口，滚烫的糖汁直流，所以有"吃糖包子□ [o⁴⁵] 烫 哒背心"的说法。菜包子中的"盐菜包子"[iĩ¹³tsʰai⁴⁵pau³³tsʅ⁰] 具有地方特色。"盐菜"是青菜叶子制成的腌菜，用其做馅的"盐菜包子"香辣开胃，很受欢迎。

卷子 [tʂø̃⁴²tsʅ⁰]

早餐食品之一。先把发酵过的面擀成一张大面饼，刷上一层油，然后涂上不同的馅料，如辣椒酱、肉末，再把面饼卷起来，切成一个一个的卷子，蒸熟即可。根据馅料不同分为糖卷子、辣椒卷子、肉卷子等。

煎饺 [tsiĩ³³kiau⁴²]

用平底锅煎成的饺子。在热油锅上现煎现卖，香喷喷、热乎乎，在当地的大街小巷随处可见，是很受欢迎的早餐和小吃。

4-15 ◆百花路

4-13 ◆板塘铺

做佛手 [tsəu⁴⁵fu²⁴ṣəu⁴²]

制作一种手指握拳形状的卷子。先把发酵过的面团擀成一张大面饼，刷上一层油，涂上由肉末、辣椒酱、糖混合而成的馅料，再把面饼卷成条状，一个手指宽切一刀，切时有虚有实，四虚一实，即前四刀只切开卷子表皮一二层，第五刀切断，这样切成一个一个的卷子。蒸出来后呈手指握拳状，故名"佛手"。

4-12 ◆板塘铺

烧麦 [ṣau³³mæ²⁴]

早餐食品或小吃之一。馅料多为糯米、油渣，加入调味的酱油、盐、胡椒粉。外包面皮，皮薄馅多，形状像小酒杯，上面小，下面大，上面收口折捏成花边。普通话中写作"烧卖"，在湘潭方言中"卖"读上声[42]，"麦"读入声[24]，因此或应写作"烧麦"。

4-14 ◆百花路

二 副食

4-16 ◆玉莲路

灯芯糕 [tən³³sin³³kau³³]

　　湘潭著名特产。它不仅形似灯芯，洁白柔润，味道甜美，而且可以用火点燃，散发出纯净的玉桂香味。"灯芯糕"用上等糯米粉、白糖、猪油、中药粉末（玉桂、丁香、茴香、陈皮等），经多道工序加工而成。用包装盒包装后深受欢迎，是当地送礼佳品。在当地还流传着一个传说：湘潭县忠臣乡一个叫易奎的穷书生，为了照顾生病的老母，放弃考举人。后来他母亲坚持让他应试。考试回家，老母亲已人事不知，口里衔着一根灯芯。易奎找到一点糯米磨碎，做成灯芯形状喂给母亲吃，母亲就能睁开眼说话了。不久，来了喜报，易奎考取了举人。

凉糕 [liuŋ¹³kau³³]

　　特色传统小吃。把糯米蒸至熟烂，用木棒捣烂摊凉，加入白糖、青红丝、薄荷及各种食用色素拌匀，揉成团，压制成形状各异的凉糕，色彩艳丽，香甜软糯，很受欢迎。图中全是各种形状的"凉糕"。

4-18 ◆百花路

4-17◆玉莲路

龙牌酱油 [lən¹³pai²²tsiuŋ⁴⁵iəu¹³]

湘潭历史悠久的著名特产。"龙牌酱油"与"灯芯糕"是湘潭的两大特产,当地有"龙牌酱油灯芯糕,坨坨妹子任你挑"的顺口溜。

糖油粑粑 [tuŋ¹³iəu¹³pɒ³³pɒ⁰]

特色传统小吃。主要原料是糯米粉和红糖。先把调好的糖汁与油混合并烧热,糯米粉加水揉搓成饼状下锅,反复搅拌,让每个"粑粑"都均匀渗透糖汁,渐渐变软、着色,油光发亮,再起锅盛盘。"糖油粑粑"香甜软糯,成为民间常吃不厌的小吃。

红枣桂圆蛋 [xən¹³tsau⁴⁴kuei⁴⁵ø̃¹³tã²¹]

一种甜汤。把红枣、桂圆肉、当归、去壳的熟鸡蛋等分次放入锅中,小火慢炖即成。通常由小贩在推车上架着炉子,用小火煨着沿街叫卖。

4-19◆百花路

4-20◆白石广场

4-21◆百花路

米豆腐 [mi⁴²təu²¹fu⁴²]

一种米制食品。把大米淘洗浸泡后加水磨成米浆，然后加碱熬制，冷却，切成豆腐块即成。"米豆腐"可以加酸菜煮汤，也可以放辣椒、肉末炒食，既是小吃，也可做早餐。

4-22◆百花路

白粒丸 [pæ²⁴li⁴⁵ã¹³]

用大米制成的圆粒形米豆腐。吃法如下：在锅内加清水煮沸，放入"白粒丸"。碗内分别放入骨头汤、辣椒萝卜丁、榨菜丁、芹菜段等，待"白粒丸"熟透后，用漏勺捞入碗内，撒上葱花，淋入芝麻油即成。

红薯粉 [xən¹³ɕy⁴⁴fən⁴²]

红薯淀粉加工而成的粉条。红薯粉久煮不烂，筋道，既是小吃，也可做菜品。

热豆腐 [e²⁴təu²¹fu⁴²]

豆腐脑。把黄豆制成豆浆，加入卤水，使豆浆凝固，即成。因豆腐脑是趁热吃，故名。当地人喜欢在豆腐脑里放糖，当甜食吃。

4-25◆百花路

4-26◆百花路

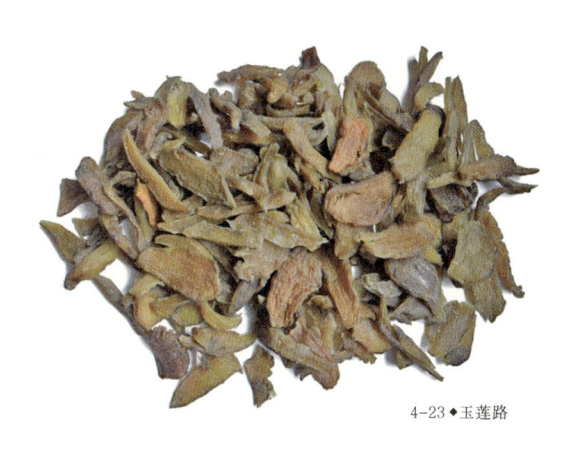

4-23 ◆玉莲路

4-24 ◆青山塘

燎片子 [liau¹³pʰiĩ⁴⁵tsɿ⁰]

红薯干。红薯洗净去皮，然后切片，焯熟或蒸熟后晒干而成。"燎片子"味道甜美，是一种休闲食品。"燎"是"焯"的意思。

红薯饼子 [xən¹³ɕy⁴⁴piã⁴⁴tsɿ⁰]

红薯做的零食。红薯洗净蒸熟后，去皮，捣成泥状，加入芝麻、粉碎的八角、紫苏、陈皮等，摊成薄饼，切成片状，晒干后即成。所加香料使"红薯饼子"有一股特殊的香味，是当地人常吃的零食，也是亲友邻里互赠的一种食品。

水块子 [ɕye⁴²kʰuai⁴²tsɿ⁰]

一种豆腐。含水分较多，又白又嫩，可做汤、可凉拌，还可以加工成豆腐乳。湘潭县花石镇的豆腐最有名，当地有"花石豆腐石坝酒，龙口妹子哪里有"的俗语。花石豆腐用花石十八罗汉山的山泉水制作，工艺独特。"花石豆腐制作工艺"被列入湘潭县非物质文化遗产名录。

香干子 [ɕiuŋ³³kã³³tsɿ⁰]

豆腐干。豆腐加盐、酱油、八角、桂皮等煮沸入味，烘干即成。色泽黄亮，色香味俱佳。

4-27 ◆百花路

4-28 ◆百花路

4-29◆百花路

4-30◆百花路

酱香干 [tsiuŋ⁴⁵ɕiuŋ³³kã³³]

  卤制的豆腐干。把豆腐放入由盐、酱、花椒、干姜、八角、桂皮等制成的卤水中久煮,再放在铁丝网上用文火烤制而成。"酱香干"比"香干子"更入味,且增添了熏烤的香味,可以炒辣椒吃,也可直接当卤菜吃,且存放时间更久。

豆腐丝 [təu²¹fu⁴²sʅ³³]

  把豆腐加工成很薄的豆皮,经卤水煮后,切成丝即成。豆腐丝更易入味,可直接当卤菜吃,也可以炒辣椒吃。

油豆腐 [iəu¹³təu²¹fu⁴²]

  把豆腐切成小块,放入油锅中炸后即成。色泽金黄,外酥里嫩,可蒸、炒、炖成各种菜肴。湘潭农村每逢过年,家家户户打豆腐、炸"油豆腐"。"油豆腐"拌上盐,可以放很久,是春节期间待客的重要菜肴。

猫乳 [mau³³y¹³]

  豆腐乳。湘潭方言中"腐"与"虎"同音,"虎"是凶猛的动物,出于避凶求吉的心理,当地人不说与"虎"同音的"腐"而改说"猫",故管腐乳叫"猫乳"。"猫乳"一般是自家做,把较硬的白豆腐切成小块,放在铺有稻草的筛子中,任其自行发酵(长霉),霉长透了以后,一层豆腐一层盐一层辣椒粉放进坛子、玻璃瓶等容器中,腌制一段时间即可。农村人自己打豆腐,往往会做一两坛子"猫乳"。

4-31◆百花路

4-32◆八角

4-33 ◆白石广场

4-34 ◆百花路

臭干子 [tʂʰəu⁴⁵kã³³tsɿ⁰]

臭豆腐。湘潭的"臭干子"是把白豆腐放在特殊的卤水中浸泡，使其发酵，白豆腐变成灰白色或青墨色，再油炸而成。食用时佐以辣椒油、麻油、生抽等调成的调料。"臭干子"闻起来臭，吃起来香，是著名的特色小吃。

豆腐渣 [təu²¹fu⁴²tsɒ³³]

制豆腐剩下的渣滓。把豆腐渣做成饼状，再发酵。做菜吃时把豆腐渣饼子捣碎，放豆豉、辣椒、大蒜小炒，味道鲜美，是很受欢迎的下饭菜。

魔芋豆腐 [mo¹³y¹³təu²¹fu⁴²]

魔芋加工而成的一种食材。把魔芋磨成浆液，加碱煮熟，凝固成型即可。因加工后的形状与吃法类似豆腐，故名。"魔芋豆腐"和辣椒、大蒜一起炒食，也可作为肉类菜的配菜。

米酒子 [mi⁴²tsiəu⁴²tsɿ⁰]

糯米酿制成的酒。把糯米蒸熟，加酒曲发酵成酒，放入酒甑，置于开水锅上加热，酒甑上放一锅冷水，酒蒸气遇冷后，从甑中流出来就是"米酒子"。花石镇石坝村酿制的米酒全县有名，故当地有"花石豆腐，石坝米酒"之说。

4-35 ◆百花路

4-36 ◆玉莲路

4-37 ◆白石广场

甜酒 [tiĩ¹³tsiəu⁴²]

江米酒，用糯米加甜酒曲酿造而成。甜酒酿制工艺简单，口味香甜醇美，含酒精度低。图4-37是甜酒摊上售卖的用小碗酿制出来的甜酒。当地人认为甜酒冲鸡蛋可以增加奶水，哺乳期妇女每天上午、下午都要各喝一大碗甜酒冲鸡蛋。

烟丝 [iĩ³³sɿ³³]

烟叶切成的细丝。可以直接用卷烟纸卷成喇叭形状抽，也可以装入烟斗或水烟袋中抽。旧时有专做烟丝生意的店铺，用特制的刨子把烟叶刨成丝，小纸袋包装后出售，叫"荈丝烟"[ʂau¹³sɿ³³iĩ³³]。现在农村很少人种烟，一般买香烟抽。

4-39 ◆麦子石集市

4-38◆旗头

茶叶子 [tsɒ¹³ie⁴⁵tsʅ⁰]

茶叶。把刚摘下的新鲜茶叶洗净，放入锅内小火焙炒，或用开水焯一下，揉搓，再烘干。当地农村人一般不买茶叶，都是用自采自制的茶叶。

槟榔 [pin³³tuŋ¹³]

一种咀嚼食品。湘潭人喜欢嚼槟榔，槟榔是湘潭人待客交友必不可少的食品。槟榔并非产自湘潭县，而是从海南等地贩运而来，在湘潭加工制作而成。槟榔从青果变成食用槟榔，经过了多道工序。"榔"声母本应发 [l]，当地人都发成 [t]，发音特殊。

4-40◆白石广场

三 菜肴

4-41◆凤凰路

藕尖 [ŋəu⁴²tsiĩ³³]

　　莲藕的嫩尖梢。取鲜嫩"藕尖"，洗净切段，用青辣椒清炒，加少许醋，盛盘即可。"藕尖"脆嫩爽口，是一道开胃的素菜。湘潭是莲乡，盛产鲜藕，每逢秋季产藕时节，"藕尖"便成了当地人的一道家常菜。

炒香干 [tsʰau⁴²ɕiuŋ³³kã³³]

　　香干切片与青辣椒同炒，浇上酱油即可。是当地人餐桌上必不可少的一道家常菜。

4-43◆凤凰路

长豆角茄子 [tʂuŋ¹³təu²¹ko²⁴kyɒ¹³tsʅ⁰]

　　近年来兴起的一道湘菜。把长豆角切成小段，茄子切条，一起入锅，佐以干红辣椒，大火爆炒，放酱油焖熟，口感鲜香。

4-42◆凤凰路

4-44 ◆凤凰路

白番椒炒猪肚 [pæ²⁴pã³³tsiəu³³tsʰau⁴²ky³³təu⁴²]

用干白辣椒与切成丝的猪肚爆炒而成，再加上大蒜。肚丝香脆，白辣椒辣味足，是典型的湘潭菜。当地人多管辣椒叫"番椒"[pã³³tsiəu³³]，有时也叫"辣椒"[lɒ²⁴tsiəu³³]，两种说法可自由替换。"番"是外来的意思。"番"音同"班"[pã³³]，声母读重唇，保留了上古音。

萝卜菜 [lo¹³pu⁴⁵tsʰai⁴⁵]

用萝卜嫩叶做的菜。有清火排毒之功效，因此民间有"萝卜菜上哒街，药铺不要开"的说法。

红薯叶子 [xən¹³ɕy⁴⁴ie²⁴tsʅ⁰]

红薯叶做的菜。把红薯藤上的嫩叶、尖梢掐下，洗净，与辣椒、大蒜同炒即成。

4-45 ◆凤凰路

4-46 ◆白石广场

4-47 ◆玉莲路

莴笋叶子 [o³³sən⁴⁴ie²⁴tsʅ⁰]

　　用莴笋的嫩叶加大蒜炒成，略带苦味。

火焙弄⁼子 [xo⁴²pei²¹lən⁴⁵tsʅ⁰]

　　小鱼干。湘潭方言管小鱼叫"鱼弄⁼子"[y¹³lən⁴⁵tsʅ⁰]，用火焙干的小鱼就叫"火焙弄⁼子"。把小鱼去掉内脏，焙到八成干，再用谷壳、花生壳、橘子皮等来熏烤。鱼干外黄内鲜，带有浓郁的烟熏香味，放辣椒小炒，是下饭的家常菜，也是待客菜。

4-48 ◆玉莲路

白菜蕻子 [pæ²⁴tsʰai⁴⁵xən²¹tsʅ⁰]

　　白菜薹。一立春，天气暖和，地里的白菜薹生长迅速，成了主要的家常蔬菜。白菜薹切段小炒，鲜嫩可口。湘潭方言"蕻"与"奉"同音，故把奉承话戏称为"蕻子菜"[xən²¹tsʅ⁰tsʰai⁴⁵]，如"莫把蕻子菜把我吃"就是"别奉承我"的意思。

米虾子 [mi⁴²xɒ³³tsʅ⁰]

　　小虾干。小虾煮熟后晒干或烘干后即成。叫"米虾子"是取虾如米粒般细小义。小虾干可以炒辣椒吃，也可以放在汤菜中提鲜。

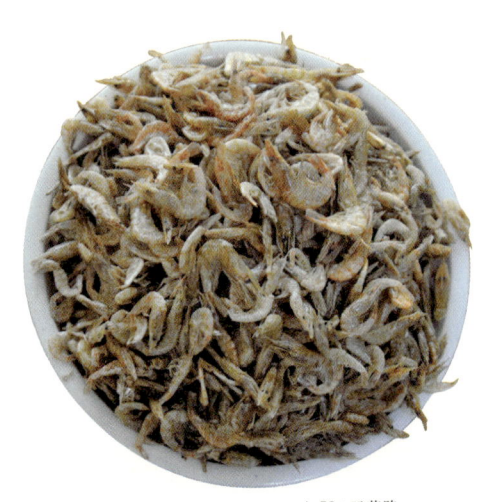

4-51 ◆百花路

4-52 ◆玉莲路

4-49◆玉莲路

4-50◆凤凰路

爆辣椒 [pau⁴⁵lɒ²⁴tsiəu³³]

　　用青辣椒爆炒而成的菜。青辣椒对半切开，放锅中用油爆炒至熟，再放入大蒜、豆豉同炒，即成一盘辣味十足、香气扑鼻的"爆辣椒"。湘潭与湖南很多地方一样，无辣不成菜，辣椒不仅当佐料，还可以单独做菜，如"爆辣椒"、"煨辣椒" [uei³³lɒ²⁴tsiəu³³]、"剁辣椒" [to⁴⁵lɒ²⁴tsiəu³³]，等等。

煨辣椒 [uei³³lɒ²⁴tsiəu³³]

　　用青辣椒煨熟做的菜。也叫"烧辣椒" [ʂau³³lɒ²⁴tsiəu³³]。青辣椒在柴火的灰烬中煨熟，或在炭火上烤熟，剥去表皮，在"擂钵" [lei¹³po²⁴]（见图2-17）中捣碎，加盐加醋搅拌即可，是很下饭的家常菜。当地民间有这样的说法："斤把子米，三个煨辣椒。"即三个"煨辣椒"可以下一斤米的饭。

干笋子 [kã³³sən⁴²tsɿ⁰]

　　笋干，新鲜笋子煮熟晒干即成。泡软后，可煮腊肉吃，炒鲜肉吃，也可炖猪蹄吃，爽口有嚼劲。当地农村的房前屋后，常有成片的竹林，每到春季，出产大量春笋，吃不了就晒成"干笋子"做菜吃。

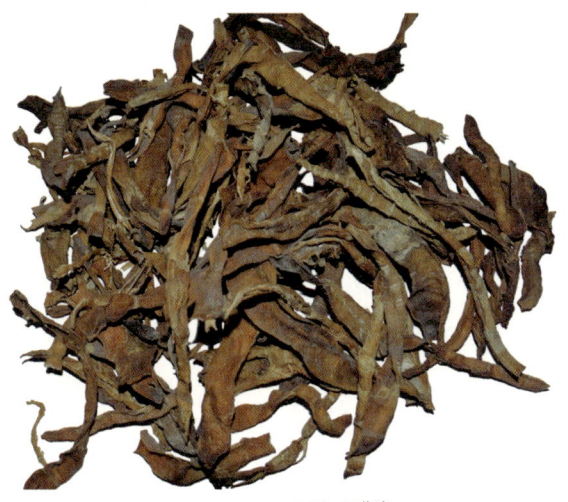

4-53◆玉莲路

湘潭　肆·饮食

121

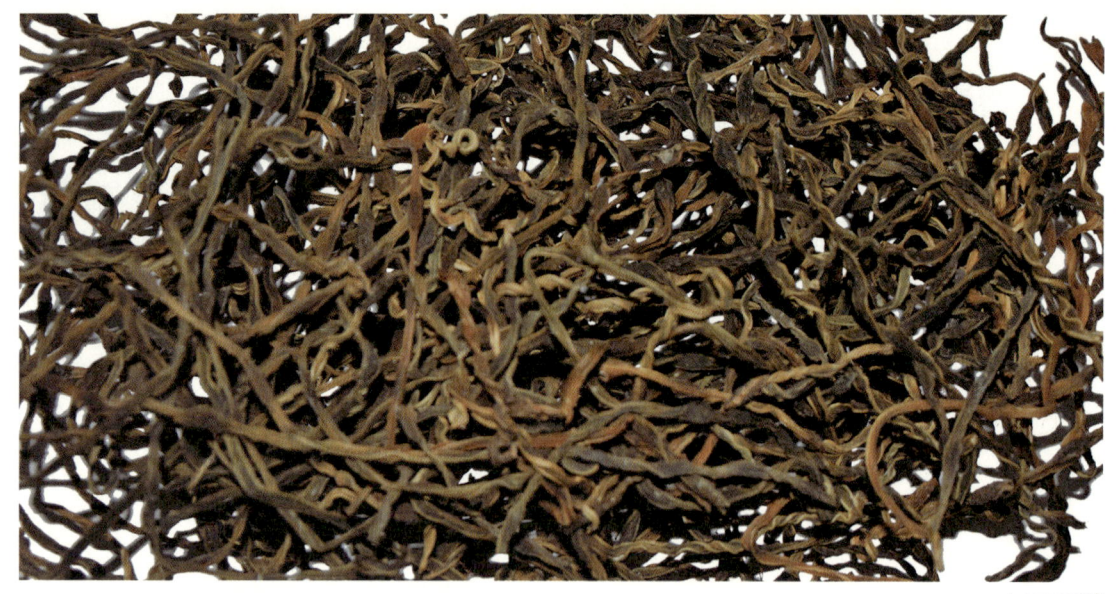

4-54 ◆玉莲路

干豆壳 [kã³³təu²¹kʰo²⁴]

干豆角。新鲜长豆角在沸水中焯一下，晒干即成。"干豆壳"泡软后可以炒肉吃，也可以与肉类一起炖着吃。家中有妇女要生孩子，就会在夏天晒很多"干豆壳"，产妇在月子里吃的主菜就是猪蹄、排骨、鸡鸭炖"干豆壳"，当地人认为干豆角煲的汤可以发奶。

扑⁼番椒 [pʰu²⁴pã³³tsiəu³³]

一种腌制的辣椒。新鲜青辣椒用开水焯一下，晒到颜色变白，拌上盐，放进坛子中腌制而成。"扑⁼番椒"又辣又酸，清脆爽口，常用来切碎炒干鱼、干虾、干牛肉，是很好的下酒菜、下饭菜。"扑⁼"是"腌制"的意思。

盐番椒 [iĩ¹³pã³³tsiəu³³]

拌盐的干白辣椒。"盐番椒"已入盐味，可以炒菜吃，也可以直接当菜吃，以前还可以做零食吃。

4-58 ◆百花路

4-57 ◆八角

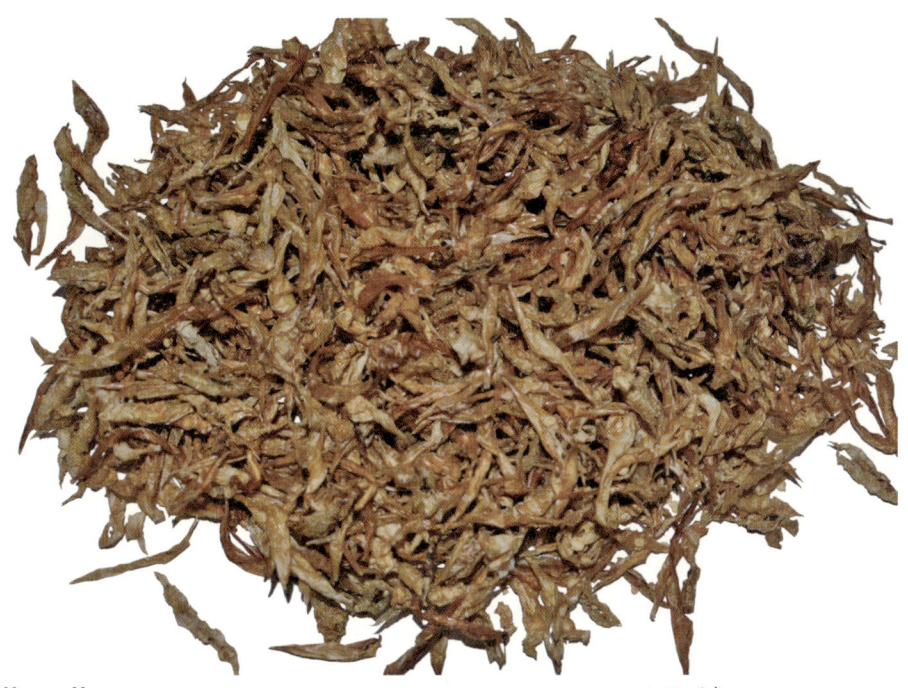

干番椒 [kã³³pã³³tsiəu³³]

4-55◆八角

　　晒干的辣椒。图 4-55 是晒干的白辣椒。新鲜青辣椒用开水焯一下，在大太阳下晒一天，就会晒成白色，再剪成片状，晒干即成。当地人用干白辣椒煮鱼虾、肉类时，往往以辣椒为主，鱼虾、肉类为辅。图 4-56 是晒干的红辣椒，加工成碎辣椒、辣椒粉，可做炒菜的调料。

4-56◆百花路

4-59◆百花路

浸番椒 [tsin⁴⁵pã³³tsiəu³³]

一种腌制的辣椒。新鲜辣椒不用开水焯，直接放入坛子里，加凉开水、盐、八角、桂皮、酱油、冰糖、白酒，浸泡入味后即可食用。"浸番椒"制作方法简单，味道酸辣清脆，可以炒菜时做调料，也可直接当菜吃。

4-60◆百花路

小米辣 [siau⁴²mi⁴²lɒ²⁴]

一种腌制的辣椒。做法与"浸番椒"相同，只是"小米辣"的原料为朝天椒，更加辣，只能在炒菜时做调料。"小米辣"得名于该辣椒形体小。

扑⁼豆壳 [pʰu²⁴təu²¹kʰo²⁴]

腌制的豆角。新鲜长豆角用开水焯一下，放在太阳下晒至半干，变成白色，切成小段，拌上盐，放入坛中制成腌菜。"扑⁼豆壳"炒辣椒，甜中带酸，清脆可口，是开胃下饭的家常菜。

酸豆壳 [sõ³³tie²¹kʰo²⁴]

酸豆角。把新鲜长豆角放入凉凉的盐水中密封浸泡，一星期左右即可食用。"酸豆壳"又酸又脆，可以切碎炒辣椒吃，也可以直接当咸菜吃。"豆"白读 [tie²¹]，文读 [təu²¹]。

4-61◆百花路

4-62◆百花路

4-63 ◆玉莲路

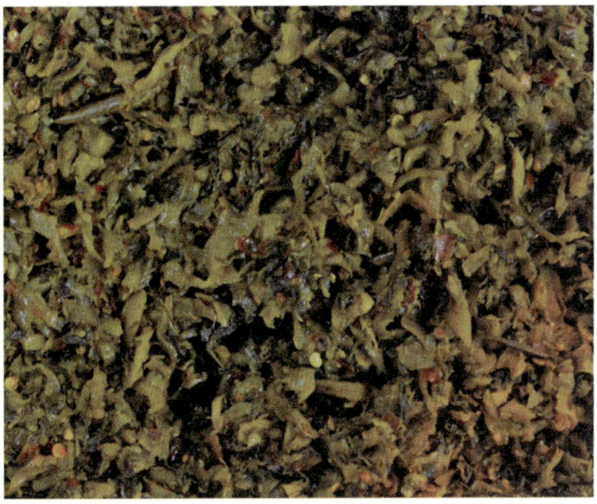

4-64 ◆百花路

茄子皮 [tɕyɒ¹³tsʅ⁰pi¹³]

　　茄子腌制而成的菜。新鲜茄子对半切开，蒸熟，晒至七八分干，拌上盐和米粉，放入坛子中腌制。吃时用茶油煎香，再加青辣椒炒。

扑⁼腌菜 [pʰu²⁴iĩ³³tsʰai⁴⁵]

　　一种腌菜。青菜叶子晒至七八成干，切碎，揉盐，入坛子腌制而成。"扑⁼腌菜"带酸味，可以炒辣椒吃，也可以做肉类菜的垫底蒸着吃，开胃下饭。

盐菜 [iĩ¹³tsʰai⁴⁵]

　　一种腌菜。青菜叶子晒至七八成干，搓盐，加茶油卤好，蒸熟后变黑，放入坛子中腌制。"盐菜"切碎后用来做垫底蒸扣肉吃，有油香味，不带酸味，也可以切碎做汤吃。用"盐菜"做馅的"盐菜包子"在当地很受欢迎。

番椒酱 [pã³³tsiəu³³tsiuŋ⁴⁵]

　　辣椒酱。把新鲜的尖红辣椒洗净、晾干、剁碎，用石磨加水磨碎，加盐，用大瓦盆装好，在大太阳底下曝晒，直到晒干水分为止。辣椒酱特别辣，可做调料，也可直接当菜吃，是外出上学、工作、旅游者必带的食品，也是亲朋邻里互赠的食品。

4-65 ◆八角

4-66 ◆八角

湘潭

肆·饮食

125

4-67 ◆百花路

腊肉 [lɒ²⁴iəu²⁴]

多在腊月腌制并熏干的猪肉。选用皮薄、肉嫩的土猪肉为原料,用盐、酱油、花椒腌渍,再熏制而成,特点是熏香味浓郁。以前湘潭农村家家户户喂猪,一般在腊月杀猪,每家都会熏制几十上百斤腊肉,一直吃到来年冬天。现在很少人家养猪,大多买鲜肉吃,只在冬天熏制几块腊肉过年吃。湘潭县石鼓镇顶峰村的腊肉很有名,中央电视台《远方的家》系列节目《北纬30°·中国行》介绍了顶峰村的腊肉,使之在全国有名。

腊鱼 [lɒ²⁴y¹³]

熏制成的鱼干。到了冬天,家家都会熏制腊鱼过年吃。一般选草鱼,切块,用盐腌渍,再在柴火灶上用米糠、花生壳等把鱼熏干。腊鱼煮干辣椒,是家常的下酒菜、下饭菜。

4-68 ◆百花路

4-69 星星

4-70 云湖

煨鸡蛋 [uei³³ki³³tã²¹]

把鸡蛋用新鲜橘子皮或湿纸包好，放在柴火的红灰烬中煨熟。煨熟的鸡蛋更香，当地人还认为更营养，因此经常"煨鸡蛋"给小孩吃。

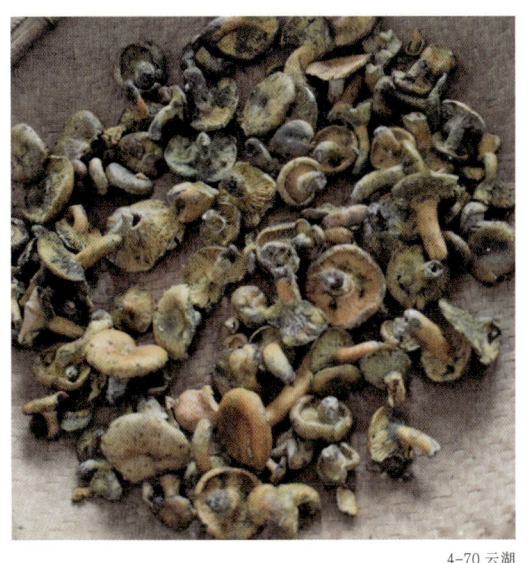

茶山菌 [tsɒ¹³sã³³tɕyn²¹]

从茶山中采的蘑菇。"茶山菌"的味道特别鲜美，当地人称之为"山珍"[sã³³tʂən³³]。一般在每年农历三月、八月左右的雨后，可以在茶山中采到这种蘑菇。

新鲜莲子 [sin³³siĩ³³liĩ¹³tsʅ⁰]

从新鲜莲蓬中剥出来的莲子。去皮后可直接食用，也可做甜品煮熟后食用。湘潭县因盛产莲子，有"中国湘莲之乡"的美称，简称"莲城"，湘潭县所产莲子叫"湘莲"。湘莲品种有"寸三莲"[tsʰən⁴⁵sã³³liĩ¹³] 三粒成熟的莲子竖向对接，总长度为一寸，故名以及"寸三莲"为亲本培育的"芙蓉莲"[fu¹³in¹³liĩ¹³]、"太空莲"[tʰai⁴⁵kʰən⁵³liĩ¹³]。湘莲具有高蛋白、低脂肪、口感好等特点。

4-71 ●百花路

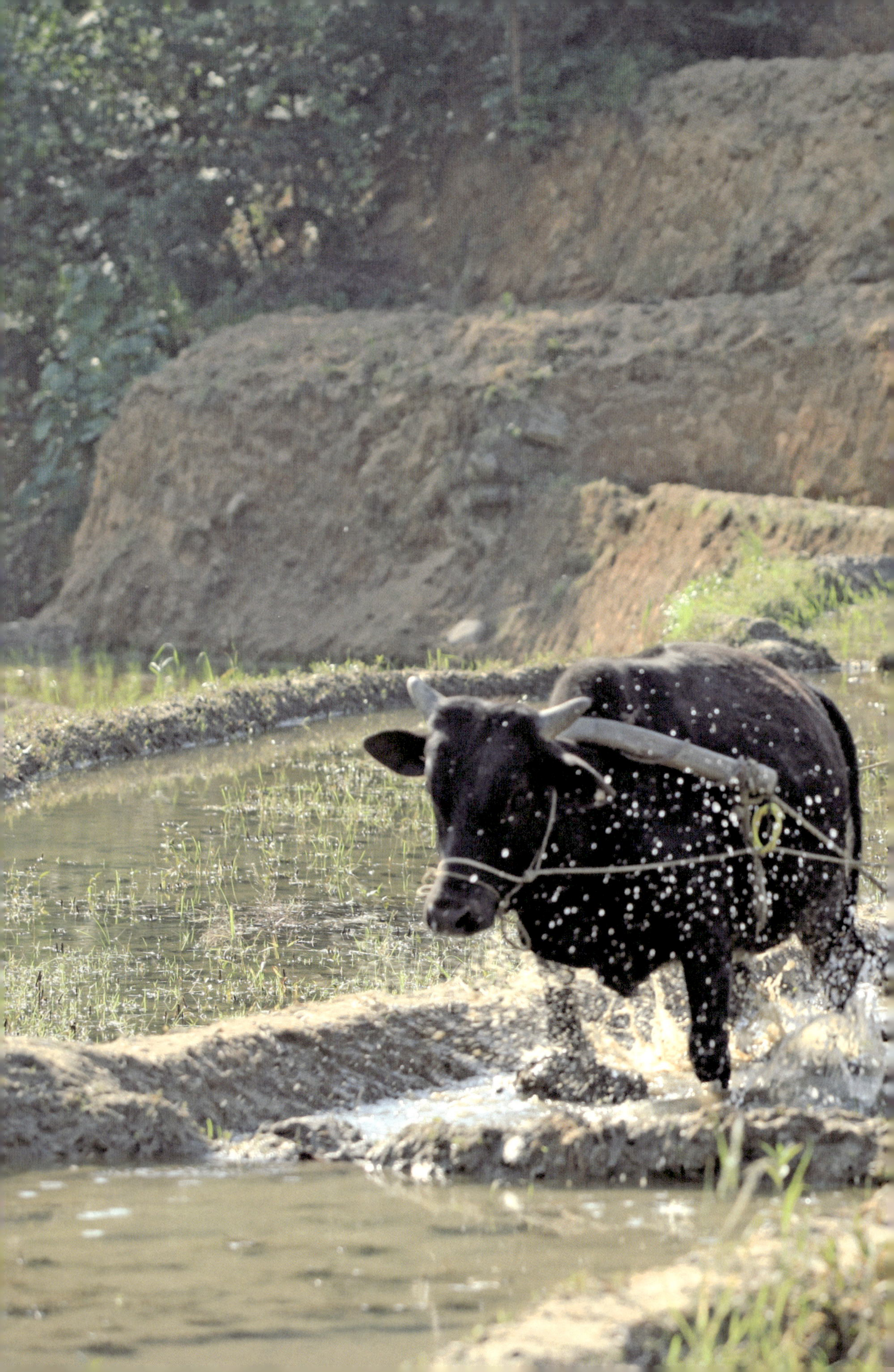

伍·农工百艺

对于普通老百姓来说，劳作意味着生活。湘潭人把劳作称为"做事"[tsəu⁴⁵sʅ²¹]，无论农业、商业、手工业，每天都需要"做事"，通过"做事"获得生活所需。

湘潭县属于亚热带季风性湿润气候，农业以种植水稻为主，小部分旱地会种植油菜、玉米等。农家除种地外，还会制茶、榨油、捕鱼等。每一种农活都有专用的工具和专属的程序，例如耕田有四道工序："犁老坯"[li¹³lau⁴²pʰei³³]、"耖田"[tsʰau³³tiĩ¹³]、"囗田"[luŋ⁴²tiĩ¹³]进一步整平泥土、"拖楼梯"[tʰo³³ləu¹³tʰi⁴⁵]；制茶要经过采茶、"燎茶"[liau¹³tsɒ¹³]、揉茶、"炕茶叶子"[kʰuŋ⁴⁵tsɒ¹³ie²⁴tsʅ⁰]等步骤。这些丰富的经验都是劳动人民在长期实践中总结出来的。随着农业技术的发展和机械化水平的提高，农具也在不断更新换代，

如现在当地农村普遍使用犁田机、收割机,大大提高了工效。

农村一般自给自足,通常逢赶集的日子才会在集市有较大规模的交易活动,当地人称为"赶场"[kã⁴²tṣuŋ¹³]。县城的商业相对繁华一些,有多种店铺,还有大型超市、商场供人们购物。

传统手工艺者如篾匠、木匠、泥瓦匠、铁匠、补鞋匠、裁缝、剃头师傅等,现在已经很难见到了。湘潭县的部分民间传统工艺则世代传承,在近些年有大的发展。如"石鼓油纸伞制作工艺"为湘潭市非物质文化遗产保护项目,"锦石剪纸""核雕""白石铁笔精雕"为湘潭县非物质文化遗产保护项目。

一 农事

5-1 ◆双[...]

田 [tiĩ²¹³]

即水田。湘潭县地形主要为丘陵，水田多。水田中主要种植水稻，小部分无水的旱田种植油菜、玉米、大豆、薯类等作物。

菜土 [tsʰai⁴⁵tʰəu⁴²]

菜地。农村中每家都有属于自己的菜地，有的人家把菜地围成一个菜园。大的菜地中间分畦，便于管理。菜地上种植常见的当季蔬菜供自家食用。

5-2 ◆八角

5-3◆筱里

犁老坯 [li¹³lau⁴²pʰei³³]

耕田的第一道工序，把"老坯"[lau⁴²pʰei³³]待耕的地翻过来。以前用牛，现在多用犁田机，犁田机有手扶式与坐式两种。当地耕田有四道工序："犁老坯""耖田""□田""拖楼梯"。

5-4◆双庙

犁 [li¹³]

耕田时使用的农具。老式犁上方弯木叫"犁弓子"[li¹³kən³³tsʅ⁰],手握的地方和整根直木叫"犁把手"[li¹³pɒ⁴²ʂəu⁴²],底下的横木叫"犁底"[li¹³ti⁴²],套在牛脖子上的弯木叫"牛轭子"[ɲiəu¹³ɒ⁴⁵tsʅ⁰],犁地的整块金属片叫"犁劈"[li¹³pʰiɒ²⁴],取劈开"老坯"之意。犁田机上挂的新式犁与老式犁基本相同,只是所有构件都是铁的,叫"铁犁"[tʰie²⁴li¹³]。

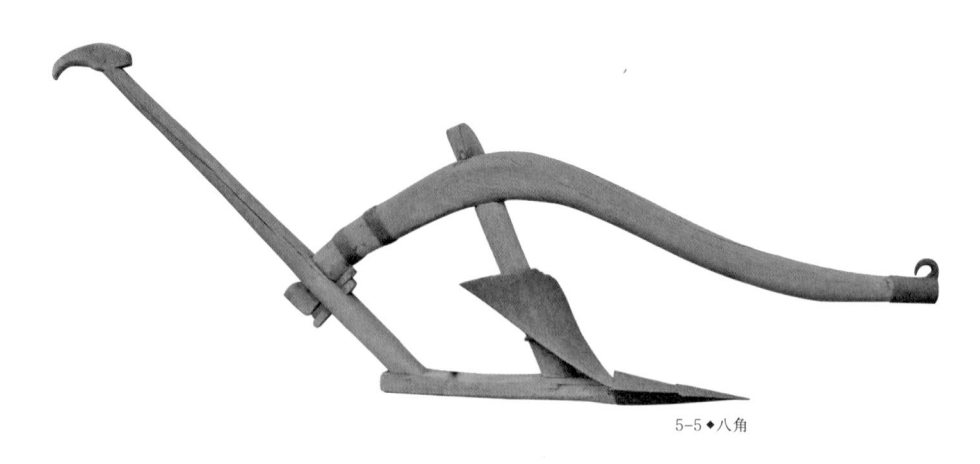

5-5 ◆ 八角

耖田 [tsʰau³³tiĩ¹³]

耕田的第二道工序。在牛身上或犁田机上挂"横田耙"[fen¹³tiĩ¹³pɒ¹³](见图5-7、5-8),在田中反复耕耘,把"犁老坯"翻出来的"老坯"整碎整平,也叫"耙田"[pɒ¹³tiĩ¹³]。

5-7◆八角

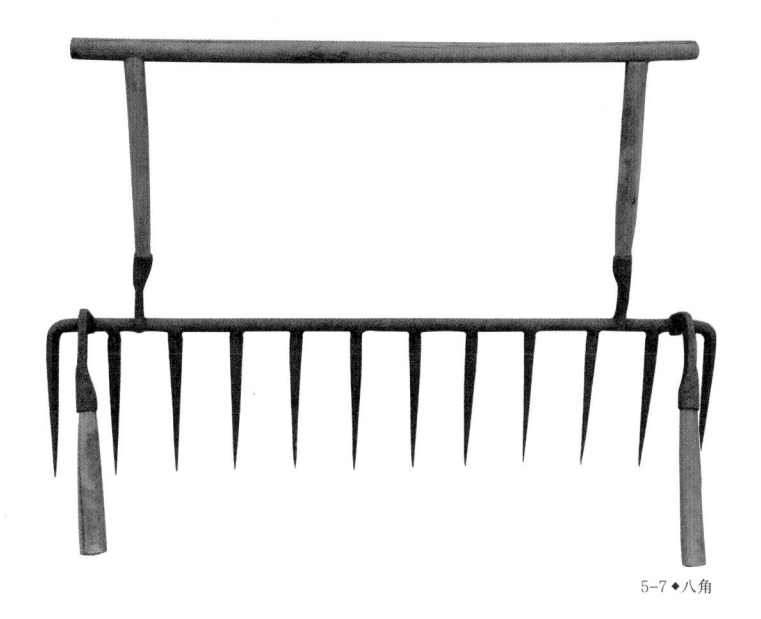

横田耙 [fen¹³tiĩ¹³pɒ¹³]

"耖田"的农具。图5-7是以前牛耕田用的"横田耙",铁齿,又长又尖,利于打碎"老坯"。犁田机上挂的"横田耙"与此基本相同,只是没有上面手扶的横梁部分,见图5-8。

5-8◆赤湖

5-9◆八角

踏耙 [tʰɒ⁴⁵pɒ¹³]

老式"耖田"的农具。长方形木框架，底部有两排铁齿。为增加压力，"耖田"时人踩在"踏耙"上头，牛拉着"踏耙"前行，把"老坯"打碎，是第一遍"耖田"，再用"横田耙"耖第二遍。犁田机上与"踏耙"对应的农具是一种铁质的滚子，在犁田机上挂上滚子，初步打碎"老坯"，滚平泥土。

□田 [luŋ⁴²tiĩ¹³]

耕田的第三道工序。在牛身上或犁田机上挂上"□耙"[luŋ⁴²pɒ¹³]（见图5-11）在田中耕耘，在"耖田"的基础上进一步把泥土整碎整平。"□"[luŋ⁴²]是"耕耘"的意思。

□耙 [luŋ⁴²pɒ¹³]

"□田"[luŋ⁴²tiĩ¹³]的工具。图5-11是牛耕地用的"□耙"[luŋ⁴²pɒ¹³]，犁田机上挂的"□耙"[luŋ⁴²pɒ¹³]与此基本相同。"□耙"[luŋ⁴²pɒ¹³]的齿是竹片，比"横田耙"的铁齿短一些，钝一些，整个耙宽一些。

5-11◆八角

5-10◆富士（贺文杰摄）　　　　　　　　　　　　　　　5-13◆赤湖

拖楼梯 [tʰo³³ləu¹³tʰi⁴⁵]

耕田的第四道工序。在牛身上或犁田机上挂上"梁子楼梯"[liã¹³tsŋ⁰ləu¹³tʰi⁴⁵]用两根长木做帮，阶梯为短木条（见图5-13）在田中拖动，在"囗田"[luŋ⁴²tiĩ¹³]的基础上把泥土更进一步整平。仅耕田就有以上四道工序，种庄稼还有大量复杂的农活，学会种庄稼确实不容易，故当地谚语说："十年读个探花，十年学不精庄稼。"

5-12◆双庙

5-14 ◆赤湖

荡田 [tʰuŋ⁴⁵tiĩ¹³]

平整泥土。经过耕田的四道工序后，田中仍然会有不平整的地方，最后还需人工抹平，用"扯耙"[tʂʰuɒ⁴²pɒ¹³]"荡田"、翻晒稻谷的工具进一步把田荡平，田中小面积的边角地方楼梯拖不到，也要用"扯耙""荡田"，达到"田平如镜，泥烂如浆"的效果。

拌谷种 [põ²¹ku²⁴tʂən⁴²]

谷种浸泡两天后开始发芽，需要拌上"鸟药"[niə⁴²io²⁴]防鸟吃。"鸟药"是一种农药，红色，有气味，鸟不吃，还可防病虫害，故当地谚语说："用药来拌种，当年好收成。"

5-15 ◆赤湖

5-16 ◆赤湖

种谷种 [tʂən⁴⁵ku²⁴tʂən⁴²]

撒谷种。把拌了"鸟药"、发了芽的谷种直接撒到田里。不要育秧、插秧,这种方式叫"直播"[tʂʅ²⁴po²⁴]。长出秧苗后,再分畦管理,间苗、除草。这种秧苗种植方式是近年来兴起的。

扯秧 [tʂʰuɒ⁴²iuŋ³³]

拔秧。传统的秧苗种植方式是先在秧田中育秧,再"扯秧"、插秧。"扯秧"时,拔一手秧,洗净,扎成一只秧,再把这一只只秧送到待插秧的田边,丢入田中供人插秧。现在这种传统的秧苗种植方式越来越少了,多采用"直播"的方式。

5-17 ◆八角

看水 [kʰã⁴⁵ɕye⁴²]

水稻生长期间管理稻田供水情况。水稻从育秧到收获都不能缺水，因此要管理好稻田的供水情况，勤查看田中是否缺水或大雨期间出现水涝。如缺水或出现水涝，就要挖开田埂上的"□口子"[ye²⁴kʰəu⁴²tsɿ⁰]田埂上过水的缺口，灌水或排水。管理秧田供水情况叫"看秧水"[kʰã⁴⁵iuŋ³³ɕye⁴²]。当地谚语总结了"看水"的经验："晴天满沟水，阴天半沟水，雨天排干水。"

5-18◆双庙

打药 [tɒ⁴²io²⁴]

在农作物上喷洒农药。图5-20是谷种撒在田里三到五天后喷洒除草剂，防止田中长草，叫"打草药"[tɒ⁴²tsʰau⁴²io²⁴]；图5-21是在禾苗上喷洒农药防治病虫害。

5-20◆赤

5-19 ◆赤湖

插秧 [tsʰo²⁴iuŋ³³]

把拔出来的秧苗均匀地栽在田里。以前生产队插秧非常热闹，一般会推举一个插秧又快又好的人先下田插，然后多人依次下田，你追我赶，有的还边插边唱山歌，有"插田不唱歌，禾少稗子多"的谚语。

5-21 ◆赤湖

5-22 ◆柳

烧稻草 [ʂau³³tau⁴⁵tsʰau⁴²]

收完稻谷之后的稻草有的会晒干并存放起来喂牛，有的就地晒干、焚烧，变成肥料，作为种植下一茬庄稼的底肥。因污染环境，现已罕见。

淋粪水 [lin¹³fən⁴⁵ɕye⁴²]

给菜地里的菜浇粪水，提供蔬菜生长所需要的肥料。当地谚语："七十二行农为首，百亩之田粪当先。"后一句说的是粪水对于农作物生长至关重要。"淋粪水"用的工具叫"泼勺" [pʰo²⁴ʂo⁴⁵]，由一根长把和粪勺构成，粪勺以前是用木板或竹筒做的，现在多用塑料或金属皮。

5-24 ◆八角

㧱肥料 [fu⁴⁵fei¹³liau⁴⁵]

撒肥料，"㧱"是"撒"的意思。现在一般施化肥，用手均匀地把化肥撒在田中。

5-23◆梅林桥

淋水 [lin¹³ɕye⁴²]

种菜经常要浇水抗旱，把水大勺大勺地泼在菜上。当地农谚："种菜不要问，勤浇水，多上粪。"

5-25◆八角

5-26 ◆赤湖

5-27 ◆上马

粪桶 [fən⁴⁵tʰən⁴²]

装粪便的桶。以前粪桶为木桶，上带提梁，两只桶配成对，用扁担挑着进菜地浇菜，晚上放在卧室里当马桶用。现在多为塑料桶。

吓鸡鸭 [xɒ²⁴ki³³ŋɒ²⁴]

为防止鸡鸭等禽畜啄食、踩踏地里种的菜，立一根棍子在菜地里，棍子上绑一个稻草人或者挂些类似老鹰翅膀可以随风飘动的布条、塑料袋一类，起到威慑作用。

收禾 [ʂəu³³o¹³]

用收割机收割稻子。收割机能够一次性完成谷类作物的收割、脱粒、分离茎秆、清除杂余物等工序，从田间直接获取谷粒。当地农村现在多用收割机收割稻子。

5-28 ◆ 赤湖

杀禾 [sɒ²⁴o¹³]

　　用镰刀割稻子。割下的稻子一束一束整齐地放在地里，形成一个个"禾码子"[o¹³mɒ⁴²tsɿ⁰]。

撑禾 [tsʰuŋ⁴⁵o¹³]

　　稻子被风吹倒在田垄上时，用"禾撑子"[o¹³tsʰuŋ⁴⁵tsɿ⁰]形状像床头支撑蚊帐的架子把稻子撑起来，使稻子不被鸡吃，不被人畜踩坏，同时也方便收割机收割。

5-29 ◆ 赤湖

5-31 ◆双庙

挖红薯 [uɒ³³xən¹³ɕy⁴²]

在霜降前后红薯已长成,割掉红薯藤,把红薯从地里挖出来,再去掉红薯的泥土、根须。

5-32 ◆双庙

5-33 ◆八角

挖春笋 [ua³³tɕʰyn³³sən⁴²]

挖春天长出的竹笋。当地农村的房前屋后，常有成片竹林，每到春天，长出大量竹笋，需要挖出来，否则竹子太稠密。竹笋吃不了，就晒成笋干。

捶油麻 [ky¹³iəu¹³mɒ¹³]

芝麻成熟后，连植株收割，在水泥坪上晒干后，用木棒捶打，使芝麻脱粒。湘潭方言管芝麻叫"油麻"。

5-34 ◆八角

禾码子 [o¹³mɒ⁴²tsʅ⁰]

　　割下来的一束一束的稻子。割稻子时，"禾码子"整整齐齐地摆放在田里，方便"打禾" [tɒ⁴²o¹³]。

5-35◆赤湖

打禾 [tɒ⁴²o¹³]

用打谷机给稻谷脱粒。打谷机有用柴油机带动的，不用脚踩，两个人站在打谷机前，把"禾码子"的稻穗一端压在打谷机的滚筒上，谷粒就会快速脱落；没有柴油机的打谷机要用脚踩踏板，带动滚筒滚动脱粒。

捡草 [tɕiĩ⁴²tsʰau⁴²]

把脱粒后的稻草捆扎起来，也叫"缚草" [xo⁴⁵tsʰau⁴²]。缚好的稻草在田中晒干后有各种用途：喂牛、搓草绳、垫牛圈、垫猪圈等，以前还用来打草鞋、垫床铺。

5-36◆赤湖

5-37◆梅林桥

5-38◆赤湖

晒谷 [sai⁴⁵ku²⁴]

　　翻晒稻谷。打下的稻谷一般要晒三天。第一天，刚打下来的稻谷很湿，需把稻谷分成一垄一垄堆起来，中间留下空处，待太阳把空处的水分晒干，再把稻谷翻到留空处，这样经常来回翻动（见图5-38）。第二天、第三天就只需把成堆的稻谷推开，均匀地摊在地面上晒（见图5-39）。

5-39◆赤湖

5-40◆星星

晒簟 [sai⁴⁵tiĩ²¹]

  主要用来晒稻谷的粗篾席。用竹篾编成，长方形，两头各用两片长竹片夹住，收"晒簟"时从一头开始卷成一卷，用竹片上带的绳子捆好，平放、立放都可以。现在很少用"晒簟"晒稻谷，多直接摊在各家门前水泥坪上。

扫蠚 [sau⁴⁵xo³³]

  扫去稻谷表层的禾叶、稻草、芒刺等。"蠚"本意指毛虫蜇人，这里指禾叶、稻草、芒刺等碎屑，这种碎屑尤其是芒刺和禾叶边缘的毛刺，扎在皮肤上有"如芒在背"的感觉，这种感觉湘潭方言叫"蠚人" [xo³³in¹³]，故扫去这些碎屑叫"扫蠚"。

筛谷 [sai³³ku²⁴]

  人工或打谷机脱粒后的稻谷都有碎屑，需要用"禾筛" [o¹³sai³³] 把碎屑筛出来。

5-41◆赤湖

5-42◆赤湖

禾筛 [o¹³sai³³]

　　筛谷专用的工具，圆形，一般为竹质，底部的筛眼较大，可以把稻谷中的禾叶等筛出来。

5-43◆赤湖

车谷 [tʂʰɒ³³ku²⁴]

　　利用风力分离饱满的稻谷与秕谷、草屑等。所使用的工具叫"风车"[fən⁵³tʂʰɒ³³]。把稻谷倒入"风车"顶部的大漏斗中，打开机关转动风扇，利用风力把稻谷中的秕谷、草屑等吹出去，得到饱满的稻谷。

5-44◆双庙

5-45 ◆赤湖

锄头 [tsəu¹³təu¹³]

　　用来挖土、除草的工具。由锄头面、锄头把、"锄头檵"[tsəu¹³təu¹³tsiĩ³³]把锄头面固定在锄头把上的木片或铁片三部分构成，锄头面有宽口与窄口的不同，窄口锄头挖土，宽口锄头除草。

5-46 ◆赤湖

四齿耙头 [sʅ⁴⁵tʂʰʅ⁴²pɒ¹³təu¹³]

　　一种耙子。有四个很尖的铁齿，适合挖硬土，也适合处理牛栏中的牛粪。有两个铁齿的耙子叫"两齿耙头"[liuŋ⁴²tʂʰʅ⁴²pɒ¹³təu¹³]。

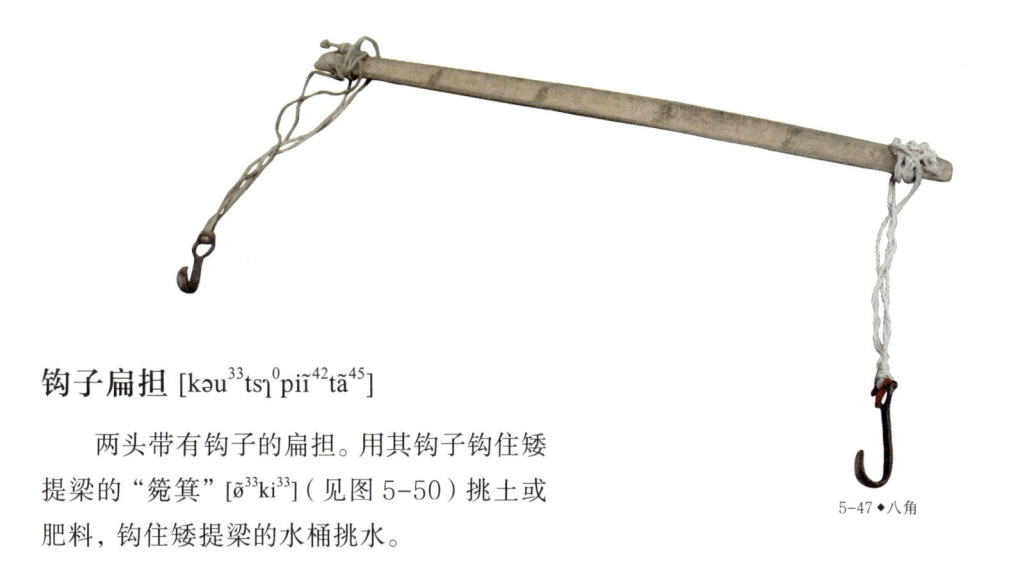

钩子扁担 [kəu³³tsʅ⁰piĩ⁴²tã⁴⁵]

　　两头带有钩子的扁担。用其钩子钩住矮提梁的"筬箕"[ð³³ki³³]（见图5-50）挑土或肥料，钩住矮提梁的水桶挑水。

5-47 ◆八角

湘潭　伍·农工百艺

5-48 ◆麦子石集市

5-49 ◆麦子石集市

谷撮箕 [ku²⁴tsʰo²⁴ki³³]

撮稻谷的工具。竹篾编成，前部是较宽的敞口，另外三面有高沿，方便撮稻谷。

堵⁼簸子 [təu⁴²po⁴⁵tsʅ⁰]

筛子的一种，圆形，底部无筛眼。主要用来簸出粮食中的杂质，或用来晒粮食、豆角、萝卜皮、青菜等。

筦箕 [ø̃³³ki³³]

竹篾编成的农具，一面为敞口，另外三面有高沿。有矮提梁的"筦箕"和高提梁的"筦箕"两种：矮提梁的"筦箕"（见图5-50）配"钩子扁担"，主要用来挑土和肥料一类；高提梁的"筦箕"（见图5-51）盛装量较大，主要用来装蔬菜、稻草、红薯藤等，这种"筦箕"直接用扁担挑，不用钩子。

5-50 麦子石集市

5-51 ◆麦子石集市

5-52◆赤湖

箩筐 [lo¹³tɕʰiuŋ³³]

用竹篾编成的农具,方底圆口,一般成对使用,每只配有四根固定在箩筐上的"箩索"[lo¹³so³³]。箩筐主要用来装稻谷、米、红薯等。

扮桶 [pã⁴⁵tʰən⁴²]

给稻子脱粒的农具。分"方扮桶"[xuŋ³³pã⁴⁵tʰən⁴²](见图5-53)与"囵扮桶"[lø¹³pã⁴⁵tʰən⁴²](见图5-54)两种。给稻子脱粒时,手持稻束高高举起,在"扮桶"的内壁上重重摔打稻穗使之脱粒。有了打谷机、收割机以后,"扮桶"逐渐被淘汰。

5-53◆八角

5-54◆八角

5-56◆麦子石集市

5-57◆麦子石集市

柴刀 [tsai¹³tau³³]

砍"毛柴"[mau¹³tsai¹³]灌木、茅草等的工具，又叫"弯刀"[uã³³tau³³]。刀面前部为弯形，后部是直的，带木柄。

草刀 [tsʰau⁴²tau³³]

割草用的刀，也可以用来割小麦、稻子等。刀面呈弯弯的月牙形，刀口没有锯齿，较锋利，柄较长。

5-58◆八角

禾镰 [o¹³liĩ¹³]

收割庄稼用的工具，刀口有锯齿，主要用来割稻子、麦子、红薯藤等，也可以用来割牛草。湘潭方言管稻子叫"禾"，故名。

鸡公车 [ki³³kən³³tsʰɒ³³]

独轮车，又叫"土车子"[tʰəu⁴²tʂɒ³³tsɿ⁰]。只有一个轮子，用手推着走，20世纪六七十年代在农村使用。"鸡公车"上装东西的大竹篾篓叫"车箩"[tʂʰɒ³³lo¹³]。

5-55◆八角

刀鞘 [tau³³tɕʰiau⁴⁵]

用来插放刀子的器具。长条形，竹质或木质，钉在墙壁上。

5-59◆赤湖

笆子 [pɒ¹³tsʅ⁰]

搂松针、稻草等的工具。竹质，带长柄，搂柴草的部分由多根竹片编为扇形，竹片的前端烤热后扭成弯形，便于归拢柴草。

5-60◆赤湖

水车 [çye⁴²tsʰɒ³³]

人力提水灌溉工具。有手摇式和脚踏式两种，都由车架和"车身"[tsʰɒ³³ʂən³³]两部分构成。车架中有"龙头"[lən¹³təu¹³]，连成长串的"车叶子"[tsʰɒ³³ie²⁴tsʅ⁰]挂在"龙头"上，通过手摇或脚踏使"龙头"转动，带动"车叶子"，把水从低处送到高处。"车身"中有长水槽，"车叶子"在水槽中来回运转送水。有了抽水机后，"水车"逐渐被淘汰。图5-61是残留在水塘中的"车身"。

5-62 ♦乌石

5-63 ♦乌石

推子 [tʰei³³tsɿ⁰]

砻子，去掉谷壳的工具。与石磨类似，"推子"分为上下两部分，上部分是一个斗形的容器，上下两部分相接处嵌满木片做的砻齿，稻谷放入斗形容器里，通过人力或水力带动"推子"转动，徐徐落下的稻谷经过砻齿的研磨，去掉外皮成为糙米。20世纪60年代以后，碾米机进入农村，"推子"逐渐被淘汰。

米筛 [mi⁴²sai³³]

筛米的器具，竹子编成。筛子底部有细小的筛眼可筛出米中的碎米、沙粒等；盘旋着筛米，可以把米中的谷子聚到中心，以便抓出谷子，叫"抟米" [tə̃¹³mi⁴²]。图5-63是带提梁的"米筛"，可套在从房梁上吊下来的绳子上筛米，更省力，又叫"吊筛" [tiau⁴⁵sai³³]。

转筛 [tʂõ⁴⁵sai³³]

筛米粉、面粉等的筛子，又叫"箩筛" [lo¹³sai³³]。用宽竹片弯成圆形框架，蒙上网眼密的筛网。用手旋转并拍打"转筛"，使粉末从筛网漏下。

茶炕子 [tsɒ¹³kʰuŋ⁴⁵tsɿ⁰]

烘烤茶叶的筛子，竹篾编成，底部向上凸起。湘潭方言管"烤"叫"炕" [kʰuŋ⁴⁵]，故名。

5-64 ♦石壁

5-65 ♦麦子石集市

三 手工艺

5-66 ◆筱里

片刀 [pʰiĩ⁴⁵tau³³]

泥工砌砖墙时使用的工具，又叫"砌刀"[tsʰi⁴⁵tau³³]，刀把和刀面连成一体。砌墙时，用"片刀"在砖头上涂抹灰浆，把砖头一块一块砌上墙体，也可根据需要用"片刀"把砖头砍成合适的长度。

铁荡子 [tʰie²⁴tʰuŋ⁴⁵tsʅ⁰]

泥工刷墙时使用的工具，有"铁荡子"和"木荡子"[mo²⁴tʰuŋ⁴⁵tsʅ⁰]两种，由长方形铁片或木板加手柄构成。砖墙砌好后，用"木荡子"在墙上抹一遍水泥，再用"铁荡子"抹平、抛光，最后刷墙漆。

5-67 ◆筱里

灰桶子 [fei³³tʰən⁴²tsʅ⁰]

泥工砌砖墙时装灰浆的容器。桶身较浅，以前多为木桶，现在多为塑料桶。

5-68 ◆筱里

尖抿子 [tsiĩ³³min⁴²tsʅ⁰]

与"铁荡子"是同类工具，只是"尖抿子"体形小，头尖，适合在墙角处抹水泥及在墙上贴瓷片。

5-69 ◆筱里

准砣 [kyn⁴²to¹³]

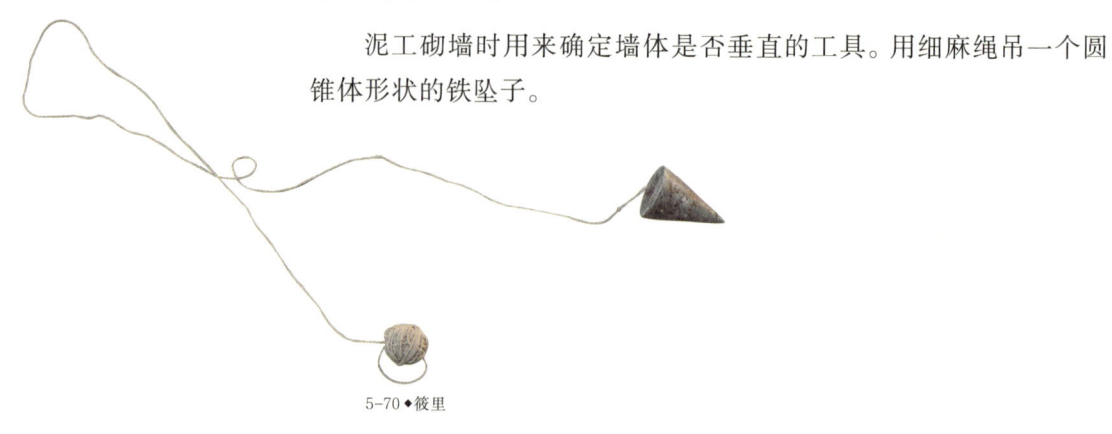

泥工砌墙时用来确定墙体是否垂直的工具。用细麻绳吊一个圆锥体形状的铁坠子。

5-70◆筱里

平水尺 [piã¹³ɕye⁴²tɕʰyɒ²⁴]

泥瓦匠砌墙时用来测量墙面是否水平或者垂直的工具，内部有两根装有酒精的细玻璃管，一根量水平，一根量垂直，里面有一个气泡。使用时，如果气泡处于玻璃管中间，就说明墙面是水平或垂直的。

5-71◆筱里

刻碑 [kʰæ²⁴pei³³]

在石碑上刻字。以前是纯手工刻碑，现在刻石碑或切割石块一般使用电钻、电割机。

5-72◆吴家巷

石狮子 [ʂɒ⁴⁵sɿ³³tsɿ⁰]

用石头雕刻的狮子。图 5-73 中脚踩小狮子的为母狮子，脚踩球的为公狮子，狮子嘴里还含着珠子。石狮子是中国传统文化中辟邪的吉祥物，一般放置在大门前或者墓前。

5-73 ◆吴家巷

粗刨子 [tsʰəu³³pau²¹tsɿ⁰]

刨木头的工具。刨子分"粗刨子"和"细刨子" [si⁴⁵pau²¹tsɿ⁰]，"粗刨子"刨第一遍，把木头刨平、刨直，"细刨子"在此基础上把木头刨光滑。

5-74 ◆筱里

锯子 [ke⁴⁵tsɿ⁰]

锯木头、竹子等的工具，由带锯齿的锯条和锯身组成。

凿子 [tsʰo⁴⁵tsɿ⁰]

一种加工木材的工具，用来凿除木材多余部分或雕刻木头。使用时，左手握住凿柄，右手持锤敲击凿柄的顶部。

5-76 ◆筱里

5-75 ◆筱里

5-77 ◆筱里

木匠开山子 [mo²⁴tsiuŋ²¹kʰai³³sã³³tsʅ⁰]

普通劈柴的斧头就叫"开山子",柄较长,便于双手握持,用来砍树或劈大块木柴。图5-77是木匠专用的斧头,柄较短,叫"木匠开山子"。湘潭方言"斧"与"虎"同音,而"虎"是凶猛的动物,出于避讳,"斧头"不说与"虎"同音的"斧",而说"开山子"。

5-79 ◆星星（朱瑶瑶摄）

墨斗 [mæ²⁴təu⁴²]

木工工具,用于在待加工的木头上画线、做记号,由墨仓(盛墨的圆筒容器)、线轮(绕墨线的转轮)、墨线(包括线锥)、墨签(用竹片做成的画笔)四部分构成。

擂弓钻 [lei¹³kən³³tsø̃⁴⁵]

钻孔打眼的木工工具。钻头安在直木下端,直木穿过带皮条的横木,双手握横木上下按动,直木旋转,带动钻头钻入木头。

木马 [mo²⁴mɒ⁴²]

由三根木头支成的架子。两个"木马"上架一块"斫凳板"[tʂo⁴⁵tiĩ⁴⁵pã⁴²](见图5-81),木匠在"斫凳板"上面削木、砍木、刨木。也可以把木头放在"木马"上直接加工。

5-78 ◆筱里

5-80 ◆筱里

5-81♦筱里

斫凳 [tʂo⁴⁵tiĩ⁴⁵]

一种木工凳。用一根粗长的方木做"斫凳板",两端安凳子腿,"斫凳板"两至三米长,木匠在上面削木、砍木、刨木。"斫凳板"的一头一般钉上形似剪刀的"钳马"[tɕiĩ¹³mɒ⁴²](又叫"马钉"[mɒ⁴²tin³³]),钳住需要加工的木材,方便加工。

织篾器 [tʂʅ²⁴mie²⁴kʰi⁴⁵]

篾匠把竹子加工成篾片、篾丝,编制各种生产生活用具,如篮子、筛子、箩筐等。

5-82♦百花路

5-83◆星星

篾刀 [mie²⁴tau³³]

篾匠的常用工具之一，用来削篾、破篾。篾刀的刀背较厚，刀刃锋利，没有弯头。

刮刀 [kuɒ²⁴tau³³]

刮篾的工具。把弯曲成90度角的宽口铁片固定在篾工凳上，用来把篾片刮薄、刮光滑、刮均匀。

5-84◆星星

木雕锦屏 [mo²⁴tiau³³tɕin⁴²pin¹³]

著名绘画大师齐白石的雕刻作品，见于湘潭县白石镇尹家冲村尹氏宗祠。齐白石在尹氏宗祠正厅木枋上雕刻四幅木雕锦屏，分别是：顽童问路、松鹤延年、太白题词、金凤寻巢，均具有极高的艺术价值。齐白石青少年时是当地很有名气的木雕艺人，这四幅木雕锦屏是他雕刻作品中的代表作。

5-85 ●尹家冲

5-86 ◆白石广场

核雕 [xæ²⁴tiau³³]

中国传统民间微型雕刻工艺。湘潭县云湖桥镇的民间艺人继承传统核雕技艺，又融入了写实技巧，创作出了精美的核雕艺术品。图5-86是在橄榄核上雕刻的齐白石头像。湘潭县云湖桥镇的核雕为湘潭县非物质文化遗产保护项目。

鸡年拓片 [ki³³ȵiĩ¹³tʰo²⁴pʰiĩ⁴⁵]

"白石铁笔精雕"团队专为2017年鸡年制作的一幅拓印作品。拓印作品可以是黑白的，也可以是彩色的。"白石铁笔精雕"为湘潭县非物质文化遗产保护项目。

5-87 ◆白石广场

5-88 ◆白石广场

油纸伞 [iəu¹³tʂʅ⁴²sã⁴²]

汉族传统的遮阳避雨的用具，图5-88的油纸伞是湘潭县石鼓镇手工制作的工艺品，在日用的基础上增加了观赏功能。手工制作一把工艺伞要经过浸泡、药水煮、画花等几十道工序。画伞的题材多为写意式的中国画，如梅兰竹菊、喜鹊、仙鹤等。"石鼓油纸伞制作工艺"为湘潭市非物质文化遗产保护项目。

5-89◆瑞莲路

剃脑壳 [tʰi⁴⁵lau⁴²kʰo²⁴]

理发师用剃头刀理发。现在一般用电动推子理发，用非电动的剃头刀理发已罕见。

剃脑箱子 [tʰi⁴⁵lau⁴²siuŋ³³tsɿ⁰]

理发箱子。用来装剃头所需的工具，包括荡刀布、剃头刀、刷子、梳子、肥皂等，箱子通常为手提式小木箱。荡刀布呈条状，用来磨快剃头刀。20世纪六七十年代，剃头师傅提着"剃脑箱子"走村串户为人理发，现在在当地偶尔还能见到这种剃头师傅。

5-90◆尹家冲

5-91◆尹家冲

裁衣裤 [tsai¹³i³³kʰu⁴⁵]

5-92◆大鹏中路

手工裁剪衣服。裁缝师傅根据尺寸用画粉画好线,用剪刀裁剪布料。现在都是买成衣穿,手工裁剪衣服的小裁缝店很少见。

踩衣裤 [tsʰai⁴²i³³kʰu⁴⁵]

用缝纫机缝制衣服。现在都是制衣厂用机器批量加工衣服,脚踩式缝纫机已逐渐被淘汰。

5-93◆大鹏中路

5-94◆大鹏中路

楦头 [ʂõ⁴⁵təu¹³]

手工做鞋子时用来给做好的鞋子定型，使鞋面撑起来的模型。一般有前掌和脚跟两块木头，再根据需要在前掌和脚跟两块木头之间加入木块。现在一般买鞋子穿，很少手工做鞋，"楦头"已罕见。

5-95◆百花

补鞋机子 [pu⁴²xæ¹³ki³³tsɿ⁰]

补鞋机，一般是手摇式。摇动补鞋机上的手柄，可以在鞋子上缝针走线缝补鞋子，但给鞋子上胶、修边等还得靠手工。现在偶尔还能见到修鞋师傅挑着补鞋担子在小街巷补鞋。

棕绷子 [tsən³³pən³³tsɿ⁰]

用棕绳穿在木框架上制成的棕绷床面。棕绷子采用木材、棕丝做原料，由棕编艺人纯手工制作，富有弹性、防潮透气。由于弹簧床垫的普遍使用，现在几乎没有人做棕绷床了。

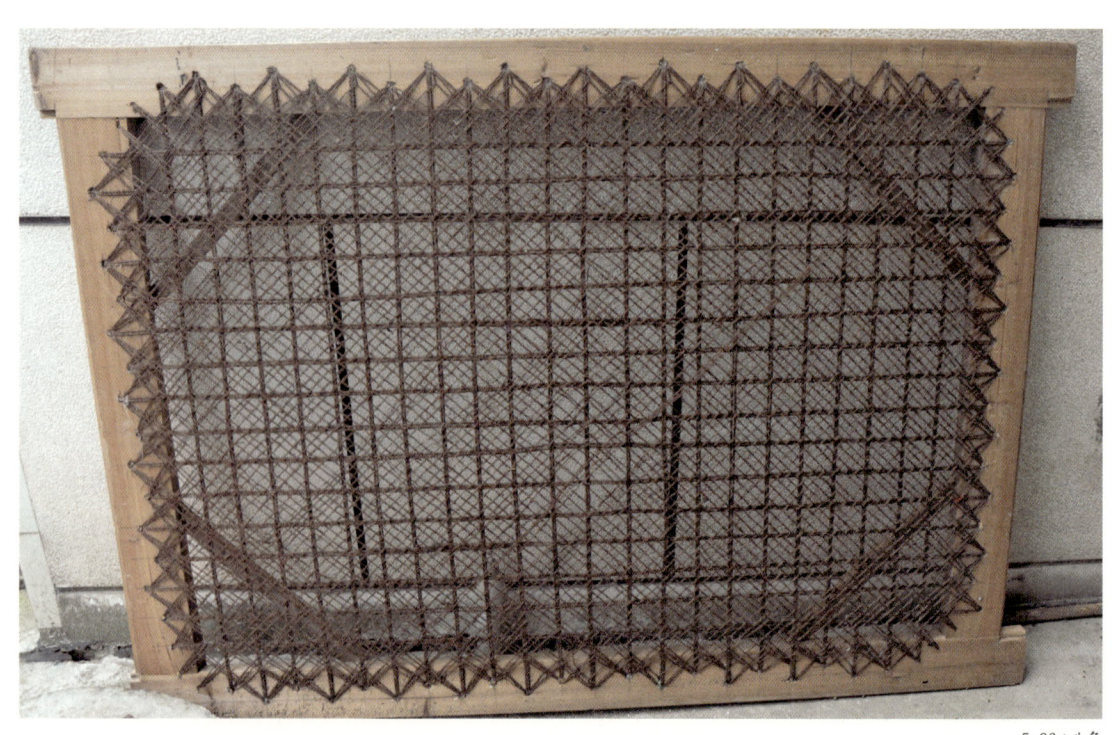

5-96◆八角

5-97 ◆八角

5-98 ◆八角

磨盘 [mo²¹põ¹³]

  手工弹棉被的工具。呈圆形饼状，上有抓手，用来把弹好的被子压紧压平，把棉被上的一层网状的棉纱揉进棉被里。

折子 [tʂæ²⁴tsɿ⁰]

  手工弹棉被时垫在棉被下用来过滤灰尘的工具，由数根篾片连在一起构成。

5-99 ◆八角

槌子 [kye¹³tsɿ⁰]

  手工弹棉花的木质工具。"槌子"有手握部分和捶击部分，捶击部分末端有突出的边沿，防止捶击时"槌子"滑落。弹棉花时，用"槌子"在"弹弓"[tã¹³kən³³]的弦上捶击。

弹棉花 [tã¹³miĩ¹³fɒ³³]

把棉花弹蓬松加工成棉被。"弹弓"是带弯头的木弓，以牛筋为弦（图5-100的"弹弓"缺弦）。弹棉花时，用"槌子"频频击弦，弦在棉花上均匀地弹动，使"折子"上摊的棉花逐渐蓬松，然后用棉纱将棉絮的两面纵横布成网状，再用"磨盘"压紧压平，加工成棉被，做嫁妆的棉被还会用红纱线摆成"囍"字。现在很难见到师傅弹棉花，图5-100是示范弹棉花的动作。

5-100◆八角

棉花车子 [miĩ¹³fɒ³³tʂʰɒ³³tsɿ⁰]

纺车。由绕纱的锭子、绳轮、手柄、底座构成，锭子和绳轮之间有绳子连接。锭子安在底座的左上方，转动绳轮，带动锭子转动来纺纱。当地早已见不到纺车了，图5-101是彭德怀故居陈列的一辆纺车。

5-101◆乌石

5-102 ◆白石广场

5-103 ◆白石广场

剪纸 [tsiĩ⁴²tʂʅ⁴²]

民间工艺，用纸剪成人物、鸟兽、花草等各种形象。当地有剪纸的传统。图 5-102 是当地一所学校的美术老师在白石广场表演剪纸，图 5-103 是湘潭县锦石镇的荷花剪纸作品。作品中的荷花、荷叶与莲藕、莲蓬能体现锦石剪纸构图饱满、造型生动的特点，也体现了湘潭县作为"莲城"的特色。锦石剪纸是湘潭县非物质文化遗产保护项目。

打洋参米 [tɒ⁴²iuŋ¹³ɕiĩ³³mi⁴²]

手工爆米花。把大米、玉米和糖放入专门的炉锅中，架在炉子上高温加热，炉锅需要不停转动，到了一定时间，打开炉锅盖子，"砰"的一声巨响，大米、玉米膨胀后成为爆米花。因爆米花最初是外边传进来的，故名"打洋参米"。现在极少见。

5-104 ◆玉兰路

5-106 ◆ 板塘

小吃店 [siau⁴²tɕʰiŋ²⁴tiĩ⁴⁵]

　　专门卖小吃的饮食店。图5-106"大队部小吃"饮食店以20世纪生产大队命名，取本土化、贫民化之意，供应的小吃都是当地手工制作的米粉、汤包和"佛手"[fu²⁴ʂəu⁴²]（见图4-12），现做现卖，很受欢迎。

地摊子 [ti²¹tʰã³³tsɿ⁰]

　　在地上售卖货物的货摊。这种货摊主要把各种农副产品直接摆在地上售卖。"地摊子"没有固定的摊位，流动性大，在县城的菜市场、街边很常见。

5-107 ◆ 百花路

5-105◆白石广场

槟榔店子 [pin³³tuŋ¹³tiĩ⁴⁵tsʅ⁰]

　　专门卖槟榔的店铺。槟榔是当地饮食文化的一个重要部分，经过长期发展，逐渐规模化。湘潭县有数家"槟榔店子"，较著名的如：张新发槟榔店、胖哥槟榔店、小龙王槟榔店、十八子槟榔店等。

卖酸梅汤 [mai⁴²sø̃³³mei¹³tʰuŋ³³]

　　一到夏季，湘潭县城易俗河镇就会有人在街口、菜市场附近人多的地方摆摊卖酸梅汤。酸梅汤用杨梅加水煮，再加冰糖和山楂，冷藏后出售，酸酸甜甜，解渴消食，在夏季颇受欢迎。

5-108◆百花路

5-109◆八角

米升子 [mi⁴²ʂən³³tsʅ⁰]

量米的量器，用一节竹子做成竹筒形状，大小不一，有装半斤米的升子，装一斤米的升子等，图5-109是装一斤半米的升子。

5-110◆八角

酒吊子 [tsiəu⁴²tiau⁴⁵tsʅ⁰]

舀酒的量器，也可以用来舀酱油。大小不一，有装一两的、半斤的、一斤的，图5-110是装一两酒的"酒吊子"。

秤 [tʂʰən⁴⁵]

测定物体重量的器具。图5-111是带盘子的秤，叫"盘子秤"[põ¹³tsʅ⁰tʂʰən⁴⁵]，不带盘子的秤叫"钩子秤"[kəu³³tsʅ⁰tʂʰən⁴⁵]。以前的老秤1斤为16两，现在都是新秤，1斤为10两。图5-112是测定贵重物品或某些药品重量的小秤，叫"戥盘子秤"[tiĩ⁴²põ¹³tsʅ⁰tʂʰən⁴⁵]，最大计量单位是两，小到分或厘。现在多用电子秤，传统秤逐渐被淘汰。

5-111◆麦子石集市

5-112◆麦子石集市

五 其他行业

夹子 [kɒ²⁴tsɿ⁰]

打猎的专用工具。用一根绳子或者铁链系着夹子，夹子上有弹簧，把夹子中间掰开，放入食物，等待小猎物踩住夹子吃食时夹住它们的脚。

5-113◆麦子石集市

碾槽 [n̠iĩ⁴²tsau¹³]

把药材、辣椒、八角等碾压成粉末的器具。外形狭长像船，两头微微上翘，中间有凹槽，可放置碾轮来回滚动进行碾压。

5-114◆星星（朱瑶 摄）

看牛 [kʰã⁴⁵niəu¹³]

放牛。把牛放到山上或路边有草的地方吃草，不让牛啃咬、踩踏地里的庄稼。过去放牛有一些讲究，如"冬放阳，夏放凉"，即冬天要把牛赶到有阳光的地方，夏天要把牛赶到阴凉的地方，还常让牛在池塘里洗澡。现在当地农户很少养牛、放牛。

看羊 [kʰã⁴⁵iuŋ¹³]

放羊。把羊放到山上或路边有草的地方吃草，不让羊啃咬、踩踏地里的庄稼。羊主要是放养，让羊自由在外吃草，因此放羊十分辛苦，有这样的说法："看牛耍，看马骑，看羊走烂脚板皮。"当地养羊的人家很少。

扯大网 [tʂʰuŋ⁴²tai²¹uŋ⁴²]

在水深的池塘、水库里网鱼，需多人撒开大网，叫"扯大网"。网子下面吊有铁块，可把渔网沉到水底，几个人扯着大网在同一个方向会合，把鱼都网到一起，再收网，一网可以捕到很多鱼。

5-117◆竹山

喂鸡 [uei⁴⁵ki³³]

给鸡喂食。以前当地农村家家户户养猪、喂鸡，现在很少有人养猪，但大多家庭还是养了鸡。自己喂养的土鸡、鸡生的土鸡蛋味道好，在市场上很难买到。

5-119◆赤湖

定定子 [tin²¹tin²¹tsɿ⁰]

传统的捕小鱼虾工具。一个小纱网子，用篾片撑起四个角，带有提梁和长竹竿，把鱼食放在小纱网中，再加一个石块，沉入水底，半小时左右提起来一次，可捞到小鱼虾。因小纱网是固定沉放在水中，故名。

5-118◆梅林

5-120◆赤溪

定鱼 [tin²¹y¹³]

用"定定子"捞鱼。现在一般用新式的鱼定子捞鱼。新式鱼定子像一个圆形鸟笼，四周有洞，把鱼食放在鱼定子中，待鱼从洞里钻进去。约半小时提起来一次，在水下动作要缓慢，鱼定子离开水面的瞬间动作要快。

扯公 [tʂʰuɒ⁴²kən⁴⁵]

在水浅的地方捞小鱼虾的工具。竹片做框架，安上小网子，带长竹竿做柄。"扯公"也可以捞浮萍。

5-121◆竹山

5-122◆尹家冲

尖⁼ [tsiĩ³³]

　　捕鱼的工具。竹子做框架,安上较大的网子,沉入河中或水塘中,十多分钟收网一次,可捕到较大的鱼。

撒网子 [sɒ³³uŋ⁴²tsʅ⁰]

　　捕鱼的大网。网眼比较密,网的底部有一圈铁珠子,能把网沉到水底。把网撒到塘里或河里,网住鱼虾,一收网,鱼虾都在网中。

5-123◆筱里

5-124◆竹山

5-125◆筱里

鱼罩子 [y¹³tsau⁴⁵tsʅ⁰]

捕鱼的工具。主要用于在水浅、面积小的池塘里捕鱼。看到有鱼，把"鱼罩子"对准鱼罩下去，然后用手从中抓鱼。"鱼罩子"也可用来罩鸡。

鱼扁箩 [y¹³piĩ⁴²lo⁴⁵]

竹质的装鱼、装泥鳅用具。可以在"鱼扁箩"的"脖子"处拴一根绳子，把"鱼扁箩"系在腰上。因"鱼扁箩"形状像梭子，所以又叫"梭子扁箩"[so³³tsʅ⁰piĩ⁴²lo⁴⁵]。

鱼划子 [y¹³fɒ¹³tsʅ⁰]

用来捕鱼的小船。现在这种小船在当地极少见。

5-126◆许家冲

5-127◆麦子石集市

5-129◆八角

酒药子 [tsiəu⁴²io²⁴tsʅ⁰]

用山上采来的酒药草和稻谷磨成的粉做成的小团子，即酒曲。当地农家酿酒都是用这种自制的"酒药子"。

酒甑 [tsiəu⁴²tsiĩ⁴⁵]

自制米酒用的工具，圆形木桶或铁桶。米饭放酒曲发酵好后放入"酒甑"，置于"熬酒灶"的开水锅上加热，"酒甑"上放一锅冷水，加热的酒蒸气遇冷后凝成液体，从"酒甑"下端的嘴中流出来就是米酒。

熬酒灶 [ŋau¹³tsiəu⁴²tsau⁴⁵]

自制米酒用的柴火灶。灶上架有大锅子，锅中放"酒甑"熬酒。

5-128◆八角

酒坛子 [tsiəu⁴²tã¹³tsʅ⁰]

　　封存酒的器皿。把蒸馏而成的水酒或酿制好的江米酒封存在坛子中，上面压上重物，密封效果好。农村人家一般不买酒，都是用传统工艺自己酿酒，密封存放，酒存放的时间越久越香醇。

5-130 ◆ 八角

摘茶 [tsɒ²⁴tsɒ¹³]

　　采摘茶叶。当地农村人家大多在房前屋后或自家山地种茶树，一般都是用自采自制的茶叶。图5-131是茶场员工在湘潭县射埠镇船形村的船形茶场采茶。船形茶场出产的"船形毛尖"[tɕyõ¹³ɕin¹³mau¹³tsiĩ³³]是湖南省名优特产。

5-131 ◆ 船形（李明高摄）

5-132◆旗头

燎茶 [liau¹³tsɒ¹³]

　　加工茶叶的一种方法。茶叶摘回来后，洗净，用开水"燎"[liau¹³]焯一下，把"燎"过的茶叶晾干再揉。另一种方法是把茶叶放在锅中炒后再揉。

揉茶 [iəu¹³tsɒ¹³]

　　加工茶叶的一道工序。无论是开水焯过的茶叶还是锅子炒过的茶叶，都要反复揉，一直揉到茶叶汁水出来。

5-133◆旗头

5-134◆旗头

炕茶叶子 [kʰuŋ⁴⁵tsɒ¹³ie²⁴tsʅ⁰]

烘烤茶叶。揉好的茶叶均匀地放在"茶炕子"（见图5-65）上烘干。烘茶叶要用柴火灶中的炭火，小火烘，有的还会在灶中放枫球来熏茶叶，使茶叶带有枫球香味。

摘茶籽 [tsɒ²⁴tsɒ¹³tsʅ⁴²]

在茶树上采摘果实。秋天，茶树上的果实成熟了，变成了橙黄色，就可以采摘下来。"茶籽"本指茶树果实中的种子，当地管茶树的果实和果实中的种子都叫"茶籽"。

5-135◆八角

5-136 ◆八角

晒茶籽 [sai⁴⁵tsɒ¹³tsʅ⁴²]

把采摘下来的茶树果实均匀地摊在水泥坪上晒干。晒干后,外壳会自然裂开,里面是黑色的茶籽。茶籽可用来榨茶油。

榨油 [tsɒ⁴⁵iəu¹³]

用茶籽榨油。传统榨油在油榨坊中手工操作。现在榨油都是用各种机器,如电磨、烘焙机、油压机等,图 5-137 的机器为油压机。榨油时,先用烘焙机加热茶籽,使其干燥无水分;然后用电磨把茶籽磨碎,再倒入油压机中榨油;经沉淀、过滤后即为食用茶油。

5-137 ◆八角

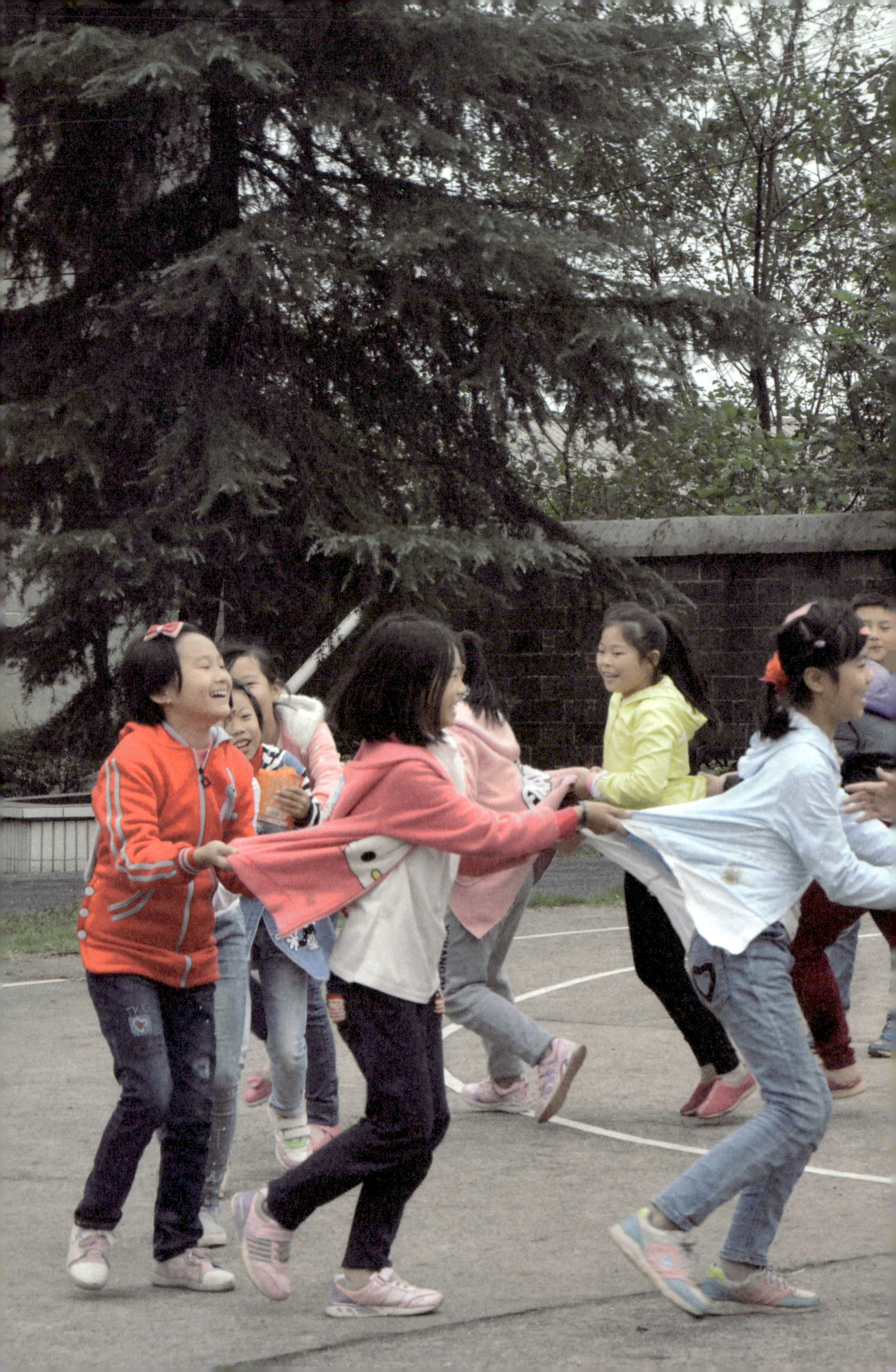

陆·日常活动

湘潭民谚:"人是铁,饭是钢,一顿不吃饿得慌。"湘潭人对一日三餐很重视,而且中餐与晚餐一般要吃米饭加炒菜。湘潭人亲友观念强,节假日或谁家有喜事,亲友们就会在一起聚餐、喝酒、抽烟、喝茶、聊天。湘潭县的集市很多,每个乡镇都有自己约定的赶集时间,大家相约在乡政府门口或一些人口密集的地方(现在大多在公路两边)买卖农副产品,赶集是人们日常生活中必不可少的活动。

娱乐方面,大人与小孩各有各的娱乐活动。大人喜欢打扑克、打麻将、玩骨牌。孩子们以前有很多简单有趣的娱乐活动:在地上画个棋盘,捡几粒石子可以下棋;用几粒石子可以在一起玩"吃子"[tɕʰin²⁴tsɿ⁴²]的游戏;还有翻绳、打弹子、打画片、踢房子、踢毽子、过家家、丢手绢、编花篮等。但现在的孩子们更倾向于玩手机,玩买来的现成玩具,很多传统娱乐活动已经失传。湘潭县城的白石广场是人们娱乐健身的好场

所，湘潭县每年春节期间在此举行"庆新春·闹元宵"系列文体活动，包括龙狮表演、猜灯谜、油纸伞舞、青山唢呐等。春节期间的白石广场人声鼎沸，热闹非凡。近年来打陀螺成为湘潭县较流行的娱乐活动，人们可以在家中的院子里打陀螺，还有一些人在白石广场上打陀螺，打陀螺成了白石广场上的一道风景。

　　家族观念在湘潭人的意识里占有很重要的地位。农村几乎每家每户都设有神龛摆放神像或祖宗牌位、照片，人们会定期烧香祭拜。每户信奉的菩萨不尽相同，但观音菩萨、财神菩萨、土地菩萨等则是大家共同信奉的菩萨。商户们则特别信奉财神菩萨，很多店铺都供财神菩萨。除了在家中供菩萨、祖宗，求菩萨、祖宗保佑一家平安、人兴财旺，湘潭县境内还有多座寺庙，不少人会定期去烧香拜菩萨。老一辈湘潭人还信奉南岳的香，回龙山（在宁乡县境内）的烛。

一起居

6-1 ◆玉莲路

吃饭 [tɕʰiɒ²⁴fã²¹]

　　当地人一日三餐，中餐与晚餐一般吃米饭，人口较多的话，一般是四菜一汤，其中少不了辣椒和青菜。

敬酒 [tɕin⁴⁵tsiəu⁴²]

　　向人祝酒，表示祝福、祝愿等。一般敬酒都是从最"大"[tai²¹]的开始敬，不同情况下，"大"的含义不同。例如家庭宴会中辈分最高的为"大"；结婚酒宴中，"上亲"[ʂuŋ²¹tsʰin³³]女方的直系亲属为"大"，"上亲"中又以舅舅为"大"。

6-2 ◆许家冲

6-3◆云龙

猜拳 [tsʰai³³tʂõ¹³]

　　划拳。喝酒时两人或多人同时伸出手指并各说一个数，谁说的数目跟所伸手指的总数相符，谁就算赢，输了的人喝酒。呼数时语带吉祥、祝福。如："宝一对，一心敬，哥俩好，三三元，四季财，五魁首，六六顺，巧七个，八仙到，九长久，满堂彩。"现在当地很少有人会划拳、行酒令。

吃茶 [tɕʰiɒ²⁴tsɒ¹³]

　　喝茶。当地有三个"一杯茶"：进屋一杯茶，饭后一杯茶，喝酒一杯茶。有客人登门时，主人会立刻泡一杯茶招待，叫作"进屋一杯茶"；饭后，泡一杯茶，大家一起聊聊天，说说话，这是"饭后一杯茶"；当地人有喝几口酒就喝口茶的习惯，据说这样不容易醉，这叫"喝酒一杯茶"。随着人们生活品质的提高，亲朋好友也常约在茶馆或公园喝茶。

6-4◆雨湖路

6-5 ◆ 竹山

6-6 ◆ 八角

吃捆烟 [tɕʰiŋ²⁴kʰuən⁴⁴iĩ³³]

  一种抽烟的方法。取一小撮烟丝放在一张半个手掌大的白纸中裹好，似把烟丝捆束好，因此叫"捆烟"；送嘴中的一头小，另一头大，形似喇叭，故又名"喇叭筒" [lɒ⁴²pɒ³³tən¹³]。现在农村还有一些老人家"吃捆烟"。

吃水烟 [tɕʰiŋ²⁴ɕye⁴⁴iĩ³³]

  用水烟袋抽烟，是以前的抽烟方式。随着商品烟的普及，现在只有个别老人还在"吃水烟"。抽烟时一手托住水烟袋，一手拿着"纸媒子"点燃烟丝，"纸媒子"现在被打火机取代了。

梳巴巴鬏 [səu³³pɒ³³pɒ⁰tɕiəu⁴⁵]

  一种梳头方法。旧时当地女子的头发多挽成圆形的发髻，盘在脑后，用网子网住，也可以用簪子固定。现在有些中老年妇女仍喜欢"梳巴巴鬏"。"巴巴鬏"见图 6-9。

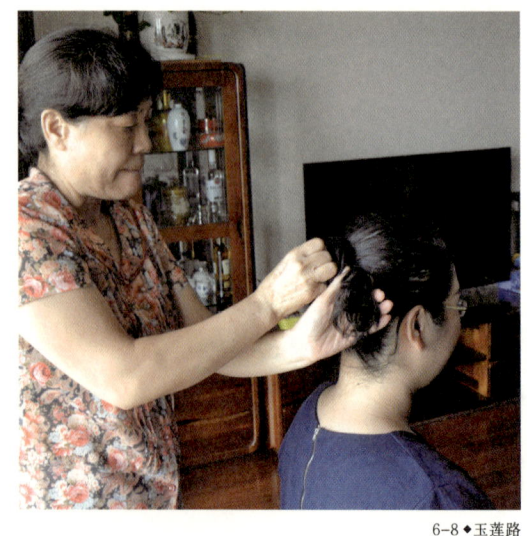

6-8 ◆ 玉莲路

6-9 ◆ 玉莲路

6-7 ◆八角

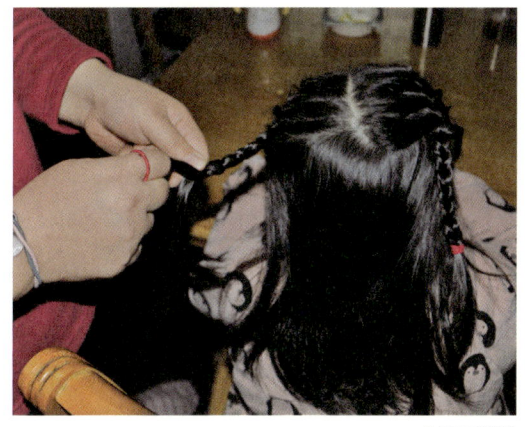

6-10 ◆玉莲路

水烟袋 [ɕye⁴²iĩ³³tai⁴⁵]

抽水烟的器具，由烟管、吸管、水斗、烟仓、通针等构成，一般是整体铸成。

扎辫子 [tsɒ⁴²piĩ²¹tsʅ⁰]

把头发编成辫子。现在一般给小女孩梳辫子，小学高年级至初中阶段的女孩子多扎一个马尾，高中以上的女孩子多留披发，农村妇女多留短发。

打讲 [tɒ⁴²kuŋ⁴²]

聊天。当地有"坐夜人家"[tso²¹iɒ²¹in¹³kɒ³³]的说法，就是晚饭后到邻居或亲友家串门，主家搬出靠背椅子请客人坐，用茶水、槟榔、烟或者其他小零食招待客人，大家围坐在堂屋或者屋外的坪里一起聊天。

6-11 ◆八角

6-12 ◆麦子石集市

赶场 [kã⁴²tʂuŋ¹³]

赶集。湘潭县有赶集的传统,大家相约于一些特定的日子在乡政府门口或一些人口密集的地方(现在大多在公路两边)进行物品买卖,以农副产品为主,赶集是人们日常生活中必不可少的活动。现在商业较发达,各乡镇都有较大的超市或商店供人们购物,因此集市远不及从前热闹。

洗衣裤 [si⁴²i³³kʰu⁴⁵]

用搓衣板洗衣服。搓衣板以前都是木制品,现在基本上是塑料制品。洗衣服时,把水和衣服放入大木盆中,搓衣板架在木盆里,在衣服上涂上肥皂,放在搓衣板上来回搓洗。

6-13 ◆竹山

二 娱乐

6-14 ◆麦子石中学

六子打秤 [ləu²⁴tsʅ⁴²tɒ⁴²tʂʰən⁴⁵]

一种双人棋类游戏。二人下棋，每人六颗棋子。行棋一方若把两颗棋子移至一起，且一头挨着对方的一颗棋，则可吃掉对方这枚棋子。游戏中当一方的棋子被对方围困住无法行棋或者被吃到少于两颗棋子时，就被判为输棋。

打扑克 [tɒ⁴²pʰu²⁴kʰæ⁴⁵]

玩扑克牌。当地扑克牌常见的玩法是"跑得快"[pʰau⁴²te²⁴kʰuai⁴⁵]，三人参与。出牌规则：大牌打小牌，可出单张牌，如有五张或以上连续的牌组成"一条龙"[i²⁴tiau¹³lən¹³]可一起出，三张相同的牌可以带两张零牌一起出，四张相同的牌叫"一炸"[i²⁴tsɒ⁴⁵]，可以带三张牌一起出，谁先出完手中的牌谁就赢。

6-15 ◆八角

湘潭　陆·日常活动

6-16 ◆八角

6-17 ◆八角

木脑壳牌 [mo²⁴lau⁴²kʰo²⁴pai¹³]

骨牌。骨牌最早用牛骨制作，后用木头或竹子制作，现在的骨牌是电木制作，一共32张。分为三门三类：长门、点门、幺门，长为大，幺最小。

打木脑壳 [tɒ⁴²mo²⁴lau⁴²kʰo²⁴]

打骨牌。当地玩得最多的是"打百墩"[tɒ⁴²pæ²⁴tən³³]。四人一起打，首先丢骰子定庄家，由庄家丢骰子确定抓牌和出牌顺序，每人抓两次牌，各抓8张牌。庄家先出牌，根据大打小的规则出牌，根据规则计算所获得的"墩"，先达到一百"墩"者为胜。

丢手巾 [tiəu³³ʂəu⁴²kin³³]

丢手绢游戏。小朋友围成一圈蹲下，其中一个小朋友拿着手绢，在其他小朋友身后绕外圈走或跑。蹲着的小朋友开始唱《丢手绢》的歌，歌曲结束之前这个小朋友必须把手绢放在任意一个小朋友的身后，然后快速回到自己原来的位置。身后被丢了手绢的小朋友必须第一时间发现手绢，拿起手绢追上丢手绢的小朋友，就算胜利，否则就是失败，需要表演一个节目。

6-19 ◆麦子石中学

6-18◆麦子石中学

鹰抓鸡 [in³³kyɒ³³ki³³]

老鹰抓小鸡游戏。由一个人当"老鹰",一个人当"母鸡",其余的当"小鸡"。

艿步 [kɒ²¹pu²¹]

一种游戏,跨步比输赢。在地上画一条起始线,甲乙两队比赛,甲方从起始线向前连跨两步,单脚着地立定。如果没有定住或是另一只脚也着地,则算输。乙方只能跨一步,也要定住,伸出手去抓甲方,只要接触到甲方身体的任何部位则甲方被淘汰。如果甲方全部被抓到或双脚触地,则乙方获胜。"艿"是"跨"的意思。艿,《集韵》禡韵枯化切,"举足越,一曰一步也"。溪母读如群母。

6-20◆麦子石中学

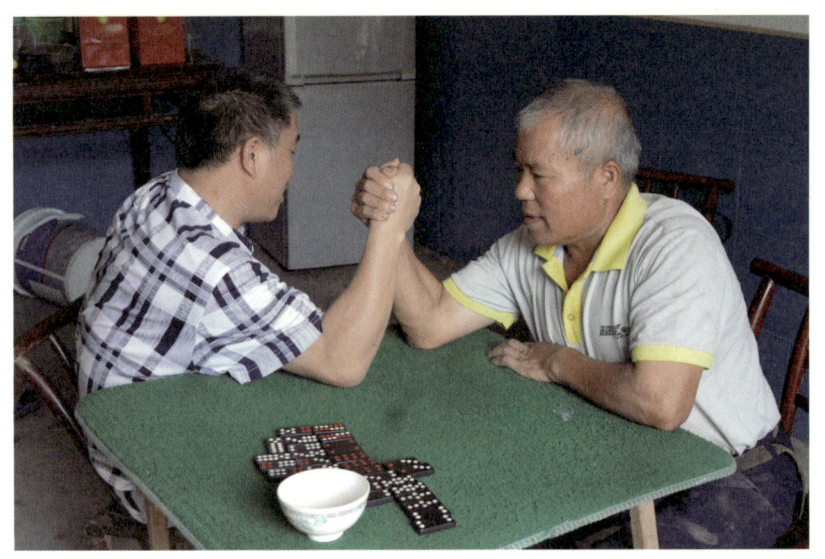

6-21 ◆八角

扳手把子 [pã³³ʂəu⁴²pɒ⁴⁵tsʅ⁰]

　　掰手腕比赛臂力和腕力。两人隔桌相对而坐，各伸出一只手，互相握住，摆正后，各自用力，把对方的手压下去为胜。

骰扁担 [tɕiəu⁴⁵piĩ⁴²tã⁴⁵]

　　比手劲的游戏。两人双手分别握住扁担的一端，将扁担正面朝上。比赛开始后，两人一个往右边一个往左边用力拧，谁先把扁担拧成反面朝上，则谁获胜。图 6-22 两人用棍子演示"骰扁担"。"骰"是"拧"的意思。骰，《集韵》宥韵居又切，"说文揉屈也"。

6-22 ◆八角

翻棋盘 [fã³³ki¹³pø̃¹³]

  翻毛线游戏。用一根两端打结的长毛线绕两圈套在一个人的手上，另一个人翻毛线。"翻棋盘"的手法多样，根据所翻毛线呈现的花样不同称为"筷子" [kʰuai⁴⁵tsɿ⁰]、"棋盘" [ki¹³pø̃¹³]、"裤子" [kʰu⁴⁵tsɿ⁰] 等。两人轮流翻绳，如果出现死结或毛线脱手，则算"死了"，再重新开始游戏。

6-23◆麦子石中学

吃子 [tɕʰiɒ²⁴tsɿ⁴²]

  一种游戏。把五颗小石子撒在地上，拿起其中的一颗向上抛出，然后去抓地上的一颗石子，最后接稳抛出去的石子，如果有石子落地，则失败。然后用同样方法分别抓另外三颗石子，全部抓完，算过了第一级。第二级一次抓两颗石子，第三级一次抓三颗石子，难度越来越大。现在很多小孩不会玩"吃子"的游戏。

6-24◆麦子石中学

6-25 ◆麦子石中学

打弹子 [tɒ⁴²tã²¹tsɿ⁰]

  用手指头弹玻璃球的游戏。比较简单的一种玩法是：两人参与游戏，各放一粒"弹子"在地上，先弹的人把自己的"弹子"弹向对方的"弹子"。如果击中了，就算赢，对方"弹子"归他；如果没击中，就换另一人弹。

划拳 [fɒ¹³tʂø̃¹³]

  通过"石头剪刀布"来定顺序或胜负的游戏，也叫"打板"[tɒ⁴²pã⁴²]。两人先各自握紧拳头，然后念出口令，两人同时出示手势"石头""剪刀"或"布"。

6-27 ◆麦子石中学

打画片 [tɒ⁴²fɒ²¹pʰiĩ⁴⁵]

6-26◆麦子石中学

  一种儿童游戏。画片指印有彩色图画的厚纸片，有方形的也有圆形的，分为正面和反面。可两人或多人一起玩，每人拿出一张画片，将画片的正面朝上，叠放在地上，轮流用手拍击画片，谁最先将画片都拍成反面朝上，就算谁赢，获得所有画片。

□铁环 [le³³tʰie²⁴fã¹³]

  滚铁环。手持顶部为"U"字钩的铁棍推动铁环向前滚，不能让铁环向两边倒下。现在中小学生中很少有人会滚铁环。"□" [le³³] 是"滚"的意思。

6-28◆麦子石中学

6-29 ◆ 八角

6-30 ◆ 白石广场

打陀螺 [tɒ⁴²to¹³lo¹³]

一种传统游戏活动。陀螺一般为木质，锥形，底部尖端钉有小钉子。打陀螺是一项很好的健身运动，湘潭县无论城乡都有不少爱好者。

跳橡皮筋 [tʰiau⁴⁵siuŋ⁴⁵pi¹³kin³³]

儿童游戏。方式多种多样，各有名称。边跳边唱儿歌，如："周瓜皮、皮瓜东，周瓜皮的老婆去广东……"再如："马兰花开二十一，二五六，二五七，二八二九三十一。"

6-32 ◆ 麦子石中学

6-31◆麦子石中学

跳绳 [tʰiau⁴⁵ʂən¹³]

　　一种体育活动或儿童游戏。可分为跳集体绳、跳双人绳、跳单人绳。

踢房子 [tʰi²⁴xuŋ¹³tsɿ⁰]

　　跳房子游戏。在地上画好方格，每一个方格为一间"房子"。"踢房子"时只能单脚跳，先把瓦片放在第一个方格，一只脚踢瓦片通过每一个方格后，第一个方格就成为他的房子。再将瓦片放到第二个方格，依次踢完所有方格。先占满所有的房子或占房多者为胜。

踢燕子 [tʰi²⁴iẽ⁴⁵tsɿ⁰]

　　踢毽子。因毽子上插羽毛，形似燕子，所以湘潭方言管踢毽子叫"踢燕子"。毽子的踢法多种多样，可以左脚踢、右脚踢、直腿踢、反腿踢。现在中小学生中很少有人会"踢燕子"。

6-33◆麦子石中学

6-34◆麦子石中学

湘潭　陆·日常活动

6-35 ◆麦子石中学

编花篮 [piã³³fɒ³³lã¹³]

一种儿童游戏，至少三人参与。玩游戏时，单脚落地，另外一条腿搭在别人的腿上，围成一个封闭的圆圈，单脚跳动，一边拍手一边唱："编，编，编花篮，花篮里面有小孩，小孩的名字叫花篮。一不许动，二不许笑，三不许露出大门牙。"

丢子 [tiəu³³tsʅ⁴²]

一种儿童游戏。分为甲乙两队，甲队全部站在方框内，躲避或者接乙队丢过来的串珠或沙包，被串珠击中则淘汰，成功接住一次串珠就多获得一条"命"，可以留着自己用或者救被淘汰的同伴。乙队分别站在与方框相对的两条线外，向方框内的人丢串珠，直到把方框内的人全部淘汰才算赢。

6-37 ◆麦子石中学

搞家家饭吃 [kau⁴²kiɒ³³kiɒ⁴⁵fã²¹tɕʰiɒ²⁴]

一种类似过家家的儿童游戏。一般是好几个孩子一起玩，用瓦片、瓷片等当炊具，泥沙、野草、树叶等做饭菜，模仿成人做饭吃饭。

6-36◆麦子石中学

爬杠 [pɒ¹³kuŋ⁴⁵]

一种体育游戏。5米高的铁架子正中吊下两根铁杆，"爬杠"时双手抓住两根铁杆，双脚与双手并用往上攀爬，有的爬到高处还能做一些有难度的动作。

6-38◆麦子石中学

6-39◆麦子石中学

6-40◆麦子石中学

弹弓 [tã¹³kən³³]

用弹力发射弹丸的弓。一般用树木的枝丫制作，呈"丫"字形，上端两头系上皮筋，皮筋中段有一块包裹弹丸的皮革。威力视皮筋的拉力，皮筋拉力越大，弹弓的威力也越大，射出的弹丸（如小石头）就越远。

翻杠 [fã³³kuŋ⁴⁵]

一种体育游戏，翻上单杠以后做各种动作。

摇鼓子 [iau¹³ku⁴²tsʅ⁰]

拨浪鼓，小孩玩具。两手夹住"摇鼓子"的手柄，前后搓动，可以使鼓两侧的珠子敲击鼓面，发出咚咚咚的响声；或一手抓住手柄，左右摇动，使珠子击鼓发出响声。

唢呐 [so⁴²lo⁴⁵]

管乐器的一种。木管身，上端装有带哨子的铜管，下端套着一个铜喇叭。唢呐音色高亢、嘹亮。在湘潭县，每年正月十五耍龙灯狮子、民间办红白喜事，唢呐都扮演着重要角色。湘潭县的"石鼓·青山唢呐"非常著名，2008年被列入国家第一批非物质文化遗产扩展项目名录。

6-41◆玉莲路

6-42◆白石广场

6-43◆柳桥

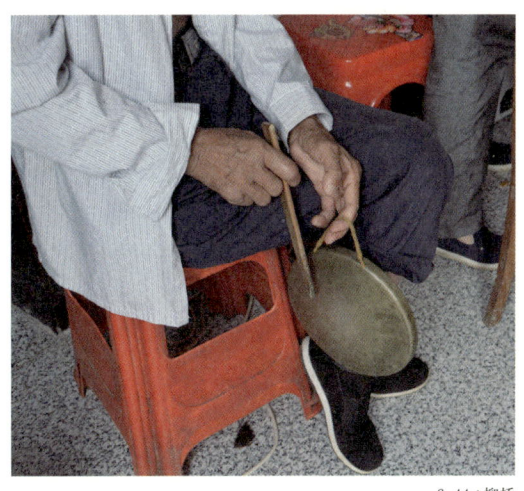

6-44◆柳桥

鼓 [ku⁴²]

一种打击乐器，在圆桶形鼓身的一面或两面蒙上牛皮制成。用鼓槌或手敲击发声，常与锣、唢呐、钹等一起搭配使用，组成锣鼓班子。当地民间每逢红白喜事，都会请锣鼓班子到现场吹打。

点锣子 [tiĩ⁴²lo⁴⁵tsɿ⁰]

打击乐器，铜质，圆盘形状，是打击乐器中最小的锣。用小竹片敲打锣面，较大锣、小锣音调更高，更尖。

钹计⁼ [pʰo¹³tɕi⁴⁵]

钹，锣鼓班子中的打击乐器。两个圆铜片，中心鼓起成半球形，正中有孔，可以穿绸条等用以握持，两片相击发声。

大锣 [tai²¹lo¹³]

打击乐器，铜质，圆盘形状，是打击乐器中最大的锣。

6-46◆柳桥

6-45◆柳桥

6-47 ◆白石广场

油纸伞舞 [iəu¹³tʂʅ⁴²sã⁴⁴u⁴²]

　　用油纸伞当道具的舞蹈。图 6-47 是 2017 年元宵节在湘潭县白石广场舞台上表演的一个节目《油纸伞耀三湘》，姑娘们手持油纸伞翩翩起舞。油纸伞是湘潭县一个重要的手工艺产品。舞台以莲花与荷叶为背景，展示莲城本土的手工艺品油纸伞，非常具有地方特色。

戏台 [ɕi⁴⁵tai¹³]

　　戏曲演出的专门场地。旧式戏台一般见于祠堂，如湘潭县白石乡尹家冲尹氏宗祠进门大厅二楼的戏台。旧时在戏台上唱的戏曲包括花鼓戏、"人戏"[in¹³ɕi⁴⁵]两种。花鼓戏是湘潭地区最流行的戏曲；"人戏"是全古装的大戏，戏目有《岳飞》《薛仁贵征东》等。图 6-48 是雨湖区窑湾街道历史文化街区的窑湾戏台，为亭子格局，有古色古香的顶，没有墙。常有当地业余组织来此表演，内容多为当地人喜闻乐见的地方花鼓戏。

三 信奉

6-49◆关公坡

释迦牟尼佛 [ʂʅ²⁴tɕiŋ³³mo¹³n̠i¹³fu²⁴]

　　供奉在湘潭县龙兴寺内的一尊佛像。释迦牟尼是佛教创始人，被世人尊为佛祖。图6-49是该寺中最大的佛像，也是进寺庙敬香者必拜的一尊神像。

千手观音菩萨 [tsʰiĩ³³ʂəu⁴²kø̃³³in³³pu¹³sɒ⁴⁵]

　　供奉在湘潭县龙兴寺内的一尊菩萨。观世音菩萨是佛教中慈悲和智慧的象征，以菩萨之身到处救苦救难。

6-50◆关公坡

湘潭　陆·日常活动

6-51◆杨柳路

财神菩萨 [tsai¹³ʂən¹³pu¹³sɒ⁴⁵]

  民间认为主管世间财源的神。当地民间特别信奉财神菩萨，认为财神菩萨可以给人们带来财富，因此店铺、家庭都供财神菩萨。图6-51是当地某餐馆供奉的财神菩萨，叫作"天下第一财神"。图6-52是普通家庭中供奉的财神菩萨。

6-52◆玉莲路

6-53 ◆ 五龙山

大杰寺 [tai²¹kʰe²⁴tsɿ²¹]

　　湘潭县代表性寺庙之一。位于湘潭县五龙山，内有大雄宝殿、天王殿、观音阁、钟鼓楼、藏经楼、念佛堂等，寺周围苍松翠柏掩映，香熏缭绕。大杰寺已被列为湖南省省级重点开放寺院。

土地庙 [tʰəu⁴²ti²¹miau²¹]

　　用来供奉土地神的庙，一般很小。当地各乡镇都建有土地庙供人们敬供土地神。民间认为土地神是掌管一方土地保一方人平安的神灵。旧时逢年过节或二月初二土地神生日时，人们会去土地庙前敬供土地神。

6-55◆邓家湾

龙兴寺 [lən¹³ɕin³³tsʅ²¹]

　　湘潭县代表性寺庙之一。位于湘潭县城金霞山关公坡，是县佛教协会所在地。寺庙分前、中、后三殿。前殿为天王殿，两侧为钟鼓楼；中殿为大雄宝殿，中、后殿两侧为左右厢房，设禅堂、罗汉堂、功德堂、文物楼等；后殿为法堂楼，另有放生池、千佛塔等。殿内供奉木雕如来佛、观世音及十八罗汉、二十四位诸天等镀金神像。

6-54◆关公坡

6-56 ◆八角

神龛子 [ʂən¹³kʰã³³tsʅ⁰]

放置祖先遗像和灵牌的阁台。旧时当地每家每户都会设置一个神龛，供奉自家的祖先。神龛大小不一，小的就是在堂屋的正面墙上设一个简陋的木板台子，上面摆放祖先的灵牌、遗像等。图 6-56 把神龛、祖先遗像镶嵌在组合柜中。过年过节及农历每月的初一、十五，都要在神龛前焚香烧纸，祭拜祖先，请其保佑子孙。

香炉 [ɕiuŋ³³ləu¹³]

烧香用的器具，用陶瓷或金属制成，通常为圆口有底，底有三足。图 6-57 是寺庙中的香炉，有一人多高，分三层。图 6-58 是家庭中常用的香炉。

6-57 ◆关公坡

6-58 ◆关公坡

6-59 ◆星星

6-60 ◆星星

香烛 [ɕiuŋ³³tʂəu²⁴]

祭祀用的香和蜡烛。祭祀用的香有：盘香、盒香、寿字香、大香，等等。蜡烛有饼状的，如图 6-59；有圆柱形的，如图 6-60，一般为红色。

6-62 ◆尹家

6-61 ◆星星

还保烛 [fã¹³pau⁴²tʂəu²⁴]

民间的一种信仰活动。当地民间盛行一香一烛：南岳的香，叫"保香"[pau⁴²ɕiuŋ³³]，即保佑平安的香；回龙山（在宁乡县境内）的烛，叫"保烛"[pau⁴²tʂəu²⁴]，即保佑平安的烛。民间认为南岳菩萨是圣帝，回龙山菩萨是佛祖。回龙山白云寺内供奉着二十四位诸天菩萨（佛祖）。信奉者每年正月十五以后开始向佛祖许愿，祈祷一年平安吉祥，到年底农历十二月二十五日晚上还愿，叫"还保烛"。

6-63 ◆尹家冲

祠堂 [tsɹ̩¹³tuŋ¹³]

本族人祭祀祖先的场所。里面供奉着祖先遗像和牌位，每逢农历初一、十五或清明节，都会有族人来祠堂祭祀。图6-62的尹氏宗祠是湘潭县历史较久、较有影响的一座祠堂，由齐白石设计，尹氏族人共同修建。

祖宗像 [tsəu⁴²tsən³³siuŋ⁴⁵]

祖先的遗像。古时一般只有做官的人家或大户人家才会有祖先遗像，平民百姓家一般只供有祖先的主位牌。祖先遗像挂在祠堂或堂屋的正中央，每到清明节或中元节祭祖时会取下来，放在供桌上用供品供奉。图6-63是湘潭县尹氏宗祠中挂的祖宗像。

6-64 ◆尹家冲

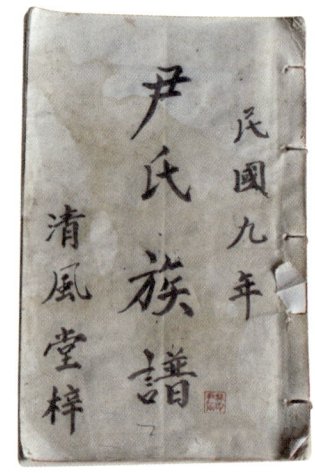

6-65 ◆尹家冲

族谱 [tsʰəu²⁴pʰu⁴²]

家族或宗族记载本族世系繁衍和重要人物事迹的文献,一般由族长保管。旧时只有男性及其配偶可以入族谱,女儿不能入族谱。图6-65是湘潭县大姓之一尹氏家族的族谱。

祭祖 [tsi⁴⁵tsəu⁴²]

祭祀祖先。家庭祭祖一般在各家堂屋的神龛前。宗族的祭祖大多在祠堂中,当地旧俗,清明节时,同族人每家派一名代表参加祭祖仪式。备好供品,由族长主持,礼生喊礼,各家代表轮流到祖先牌位前磕头,向祖先行礼并求保佑。图6-64为尹氏宗祠内祭祖的殿堂"天水堂"[tʰii³³ɕye⁴²tuŋ¹³]。

6-71 ◆八角

铜镜 [tən¹³kin⁴⁵]

铜质的镜子,旧时新娘子结婚时佩戴在胸前用来辟邪。

阿弥陀佛 [o³³mi⁰to¹³fu²⁴]

护身符的一种,铜质,一面铸有"阿弥陀佛"字样,另一面铸有"长命富贵"字样。民间认为把这种护身符挂在孩子脖子上可以辟邪、护身。

6-68 ◆玉莲路

6-66 ◆玉莲路

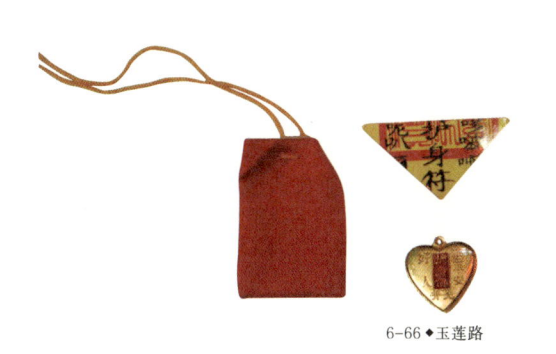

保身符 [pau⁴²ʂən³³fu¹³]

  护身符。旧时小孩受了惊吓，家人一般会请"师公子"[ʂɿ³³kən³³tsɿ⁰]巫师来，由他画一个符放入红布或青布制成的小袋中，用线穿好挂在小孩脖子上，据说这样可以收魂、保命。

6-67 ◆玉莲路

缗钱 [min¹³tsiĩ¹³]

  铜钱，古时用来进行物品交易的货币，当地也有人曾将其用作驱邪的法器。用红线把"缗钱"穿好挂在小孩子脖子上，据说可以驱灾、辟邪。

长命线 [tʂuŋ¹³miã²¹siĩ⁴⁵]

  家人为小孩从寺庙中求得的一种线，由五色丝线汇成或编成，可以在上面串珍珠等饰品。当地旧俗，小孩一出生，家人就会去庙里为小孩求"长命线"，挂在小孩衣服上，认为"长命线"能保佑小孩平安无恙，长命富贵。

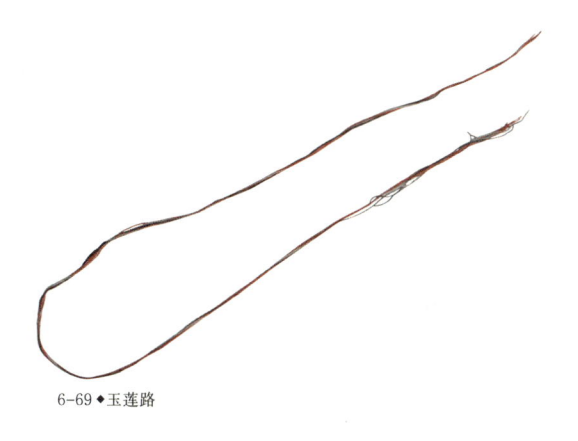

6-69 ◆玉莲路

记名 [ki⁴⁵miã¹³]

  在寺庙中捐了钱，寺庙会把捐钱人的姓名、出生年月、保佑平安幸福的话语写在瓦片上，瓦片会盖在寺庙的屋顶上，这叫作"记名"。

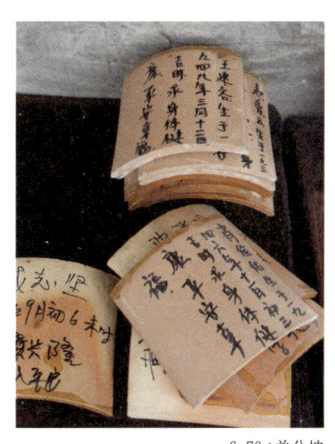

6-70 ◆关公坡

湘潭　陆·日常活动

219

迎親 迎親

柒 · 婚育丧葬

湘潭县农村有些地方操办婚育丧葬类红白喜事时还比较传统，保留了一些旧的风俗习惯；有的地方尤其是城镇正在向新风尚转变，婚事新办，丧事从简。本章的图文较多地介绍湘潭县农村一些传统风俗习惯。

湘潭县农村婚事按传统习惯都是由媒人牵线而成，男女双方的信息和心意由媒人传达。媒人带着男子去女方家里"看妹子"[kʰa⁴⁵mei²¹tsʅ⁰]，带着女子去男方家里"查人家"[tsɒ¹³in¹³kɒ³³]。"查人家"有三看：看屋、看坪、看菜园。有房子代表经济条件过得去，坪里没有鸡粪说明这家人爱干净，菜园打理得好表明这家人勤劳。男女双方中意后，男方定下结婚的日子，用红纸写下来送给女方，叫"过日"[ko⁴⁵i²⁴]，并送去彩礼。女方给姑娘准备"陪嫁被窝"[pei¹³tɕiɒ⁴⁵pei²¹o³³]、"围桶脚盆"[uei¹³tʰən⁴²tɕio²⁴pən¹³]等嫁妆。现在婚礼一般请婚庆公司的司仪主持。结婚酒席一般在自己家中做，请来厨师，左邻

右舍都来帮忙。拦门、抱新娘、喝交杯酒、吵公公、吵媒人这些热闹元素都是婚礼中的看点，湘潭县农村婚礼中还有"唱地台子戏"[tʂʰuŋ⁴⁵ti²¹tai¹³tsɿ⁰ɕi⁴⁵]的看点。

按湘潭习俗，新生儿出生要送亲友红鸡蛋，满月要"走月子"[tsəu⁴²yæ²⁴tsɿ⁰]，做满月酒，一百日的时候要剃光头，叫"剃百日脑"[tʰi⁴⁵pæ²⁴i²⁴lau⁴²]，并且要将剃下的胎毛妥善保存。老人60岁、70岁、80岁生日，子女要为老人做寿。

按湘潭旧俗，老人去世后办丧事都有一套程序，一般耗时三天三夜。孝家披麻戴孝，在道士、礼生的带领下行孝，如在棺材中盖好石灰后"做字"[tsəu⁴⁵tsɿ²¹]，在牌位上"点主"[tii⁴²tɕy⁴²]，祭奠，请和尚、道士念经，为逝者超度亡灵，寄托生者哀思之情。道士破地狱门，引导亡灵过雁鹅桥，为逝者烧去灵屋和纸钱，让逝者顺利到达另一个世界并过上好日子，让逝者灵魂安息。

7-3 ◆古浕

陪嫁被窝 [pei¹³tɕiŋ⁴⁵pei²¹o³³]

传统的嫁妆包括"陪嫁被窝"、"围桶脚盆"（见图 7-5）、衣物、桌椅板凳等。"陪嫁被窝"是传统嫁妆的必备品之一，女方父母一般会早早为女儿弹几床棉花被做嫁妆用，棉花被上用红纱嵌入一个大大的"囍"字。这些嫁妆娶亲时接到男方家里，摆在新房的床上，嫁妆越多，女方就越有面子。

娶亲鱼 [tsʰi⁴²tsʰin³³y¹³]

结婚当天，新郎去新娘家娶亲时要带聘礼，其中要送给女方家一对鲤鱼，一公一母，可做一样菜，称为"娶亲鱼"。还有"娶亲肉"[tsʰi⁴²tsʰin³³iəu²⁴]、"娶亲包子"[tsʰi⁴²tsʰin³³pau³³tsʐ⁰]一类。按传统习俗，男方去女方家娶亲时必须送一席菜（包括鸡、鱼、肉、豆腐等）给女方长辈吃，用来感谢长辈对其女儿的养育之恩，这一席菜称为"盖席"[kai⁴⁵si²⁴]。现在为了方便，多将这席菜折成钱送给女方父母。

7-2 ◆石井铺

过日 [ko⁴⁵i²⁴]

男方告知女方结婚的日子。当地的传统婚事都是由媒人牵线而成。在男女双方相互满意、决定成婚后，男方会求得女方八字，然后请算命先生为准新郎、准新娘合八字，推算两个人的八字是否相合。如果两人八字相合，就选出成亲的日子，写在红纸上，于婚前半个月左右送至女方家，叫作"过日"。"过日"时要给女方送去彩礼。

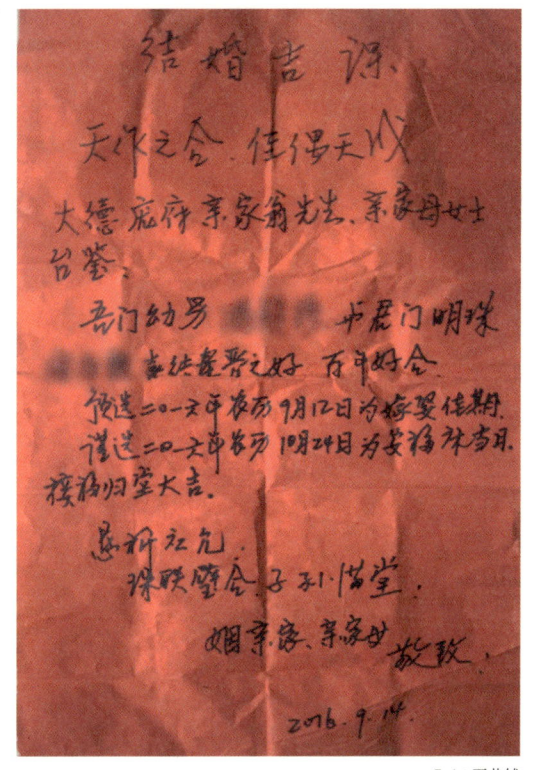

7-1 ♦ 石井铺

妆郎鞋子 [tsuŋ³³luŋ¹³xai¹³tsʅ⁰]

传统嫁妆里分别为新郎及其父母、祖父母做的鞋子，一般为布鞋，现在多买皮鞋。嫁妆接到男方家里后，"妆郎鞋子"一般会摆在新房的床上。"鞋"与"偕"[xai¹³]同音，寓意"同偕到老"。

7-5 ♦ 古湖

围桶脚盆 [uei¹³tʰən⁴²tɕio²⁴pən¹³]

新娘家为女儿准备的嫁妆之一，包括脸盆、脚盆和桶子。以前多请木匠在家中用木材做"围桶脚盆"，现在多买金属或塑料盆和桶，有的还会为女儿做箱子、桌椅板凳等。

7-4 ♦ 古湖

7-6 ◆古湖

7-7 ◆石井铺

十子 [ʂʅ⁴⁵tsʅ⁴²]

女方嫁妆中的十种食物，其名称中都带"子"字，包括枣子、花生子、桂圆子、莲子、瓜子、茶叶子等，在婚床上摆成"早生贵子"的字样，表示对新婚夫妇的祝福。摆字的人、接亲的人、摊床铺的人都必须是生了儿子的妇女。娘家在女儿出嫁满一个月时，给女儿送"满月茶"[muŋ⁴²yæ²⁴tsɒ¹³]，也是"十子"，同样是对新婚夫妇"早生贵子"的祝福。

早生贵子 [tsau⁴²sən³³kuei⁴⁵tsʅ⁴²]

男方在新房中摆的接待新娘和送亲客人的茶点，有枣子、花生子、桂圆子、瓜子等，寓意"早生贵子"，这是实物谐音的手法。苹果寓意平平安安。在当地，槟榔是茶点中必不可少的。

7-10 ◆古湖

要关门包封 [iau⁴⁵kuã³³mən¹³pau³³fən³³]

向新郎讨要红包。新郎到达女方家里后，女方的亲朋好友会把门插上，向新郎讨要红包。新郎把大把红包（一个红包几元、几十元不等）通过门缝塞向屋内，亲朋们哄抢，红包数让人满意了才会开门让新郎进去，带走新娘。"要关门包封"是接亲时的必要环节，主要是增添热闹气氛。

7-8 ◆古湖

7-9 ◆石井铺

盘头发 [põ¹³tie¹³fʊ²⁴]

当地婚俗，女子出嫁当天早上要请专门的化妆师或亲友来给新娘化妆，盘好头发，精心打扮。盘头发除了达到形象美好的目的外，还标志着女子从姑娘到妇人的变化。旧时盘头发要把头发盘成"巴巴鬏"（见图6-9），同时还要用棉线拉去额头上的绒毛，这叫"开容"[kʰai³³in¹³]。现在不一定盘成"巴巴鬏"，也不"开容"。

接亲 [tsie²⁴tsʰin³³]

迎娶新娘。男方接亲时会带上娶亲鱼肉、喜糖等，现在一般是轿车车队接亲，车子都会用"囍"字、鲜花装饰，车辆数要为双数。接亲的一般是新郎和他的同辈亲朋好友，人数也要求是双数。

抱新娘子 [pau²¹sin³³n̠iuŋ¹³tsɿ⁰]

抱新娘。新郎接到新娘后，要把新娘从其闺房抱到婚车上，整个过程中新娘的脚不能落地。

背新娘子 [pei³³sin³³n̠iuŋ¹³tsɿ⁰]

背新娘。新郎把新娘接到男方家，要把新娘从车上一直背入新房。

7-11 ◆古湖

7-12 ◆石井铺

吵烧火老倌 [tsʰau⁴²ṣau³³xo⁴²lau⁴²kõ³³]

戏弄公公，一种地方婚俗。接亲的车队快到男方家时，男方的朋友、邻居会一拥而上拦住婚车，要求新郎的父亲把儿媳妇背回家。"烧火老倌"指新娘的公公。有的人还会为公公戴上一顶又高又尖的红帽子，制作一块写有"我是烧火老倌"的牌子挂在公公的脖子上。

7-13 ◆ 石井铺

拱棚 [kən⁴²pən¹³]

充气的塑料制品，大多为拱形，也有方形，上面写有新郎、新娘的名字和祝贺的话语。当地农村的结婚喜事一般在自己家里操办，租一个大红"拱棚"放在家门口，告诉乡亲邻居，家里有喜事。

7-14 ◆石井铺

新郎子 [sin³³luŋ¹³tsʅ⁰] ｜**新娘子** [sin³³ɲiuŋ¹³tsʅ⁰]

新郎、新娘。结婚仪式中，新郎、新娘是中心人物，在主持人的主持下完成各项仪式。

知客司 [tsʅ³³kʰæ²⁴sʅ³³]

湘潭县农村办结婚等红喜事时的主管，负责安排整个婚礼的人事和各项流程。现在多请婚庆公司的人主持。

拜堂 [pai⁴⁵tuŋ¹³]

婚礼中的重要仪式。在司仪的主持下，新郎、新娘拜天地，拜祖先及父母，夫妻对拜。

7-15 ◆石井铺

7-17 ◆石井铺

7-18 ◆石井铺

7-19 ◆石井铺

吃交杯酒 [tɕʰiŋ²⁴tɕiau³³pei³³tsiəu⁴²]

为表示夫妻相爱，在婚礼上夫妻各端一杯酒，手臂相交各饮一口。

敬茶 [tɕin⁴⁵tsɒ¹³]

婚礼仪式上，新郎、新娘向双方父母敬茶，感谢父母的养育之恩，并正式改口称对方父母为"爸爸""妈妈"，故此茶称"改口茶"[kai⁴²kʰəu⁴²tsɒ¹³]。双方父母在喝完茶后，会给自己的新媳妇、新女婿红包作为祝福。

酒席 [tsiəu⁴²si²⁴]

当地农村的结婚酒席一般在自己家里办，请来专门的厨师掌勺。一桌10—12个主菜，第一个主菜是肉丸、猪肝、猪肚、鱿鱼、香菇等做的合菜，称"全家福"[tɕyə̃¹³tɕiŋ³³fu²⁴]，代表对主宾家庭的美好祝福。

7-22 ◆石井铺

7-20◆石井铺

7-21◆石井铺

分大小 [fən³³tai²¹siau⁴²]

新娘在进门前一般还未见过男方的祖辈与父辈各亲戚，结婚喜宴上新娘还要与男方的长辈们见面，一一认识并称呼各长辈，长辈送新娘礼金，叫"分大小"。礼金都是现金，堆放在婚礼现场的台面上。

压席碟子 [ŋo²⁴si²⁴tʰie⁴⁵tsɿ⁰]

酒席上的凉菜碟子，即压桌碟，源自满族的饮食习俗。出主菜前先上四小碟凉菜，如泡鸡爪、小干鱼、凉拌黄瓜、开心果等。现在也有用套盘装好的，每桌上一盘。

吃喜酒 [tɕʰiŋ²⁴ɕi⁴²tsieu⁴²]

宾客受邀在办喜事人家所摆酒席上喝酒吃饭。当地农村的酒席一般设在主家房屋的各个房间，房间不够用就在院子里搭大棚摆酒席。重要客人安排在堂屋的酒席。以堂屋神龛为中心，神龛左上方为"东角" [tən³³ko²⁴]（亦称"东阁" [tən³³ko²⁴]），与之对应的是最尊贵的席位。

7-23◆石井铺

7-24◆石井铺

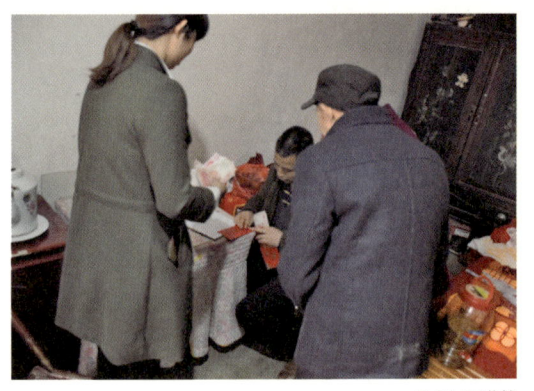

挂号 [kuɒ⁴⁵xau²¹]

登记贺礼。亲朋好友过来贺喜一般都会送上礼金作为贺礼，主人会设专门登记贺礼之处，宾客过去登记贺礼。

7-25◆石井铺

龙凤对烛 [lən¹³fən⁴⁵tei⁴⁵tʂəu²⁴]

两支大红蜡烛，一支刻有龙，一支刻有凤，寓意夫妻恩爱。"龙凤对烛"是结婚喜事中必不可少的物品，在结婚当天点燃，摆放在新房的方桌上。

唱地台子戏 [tʂʰuŋ⁴⁵ti²¹tai¹³tsʅ⁰ɕi⁴⁵]

没有搭戏台，在平地进行花鼓戏表演。农村结婚办喜事时，经常会有花鼓戏爱好者即兴表演助兴。

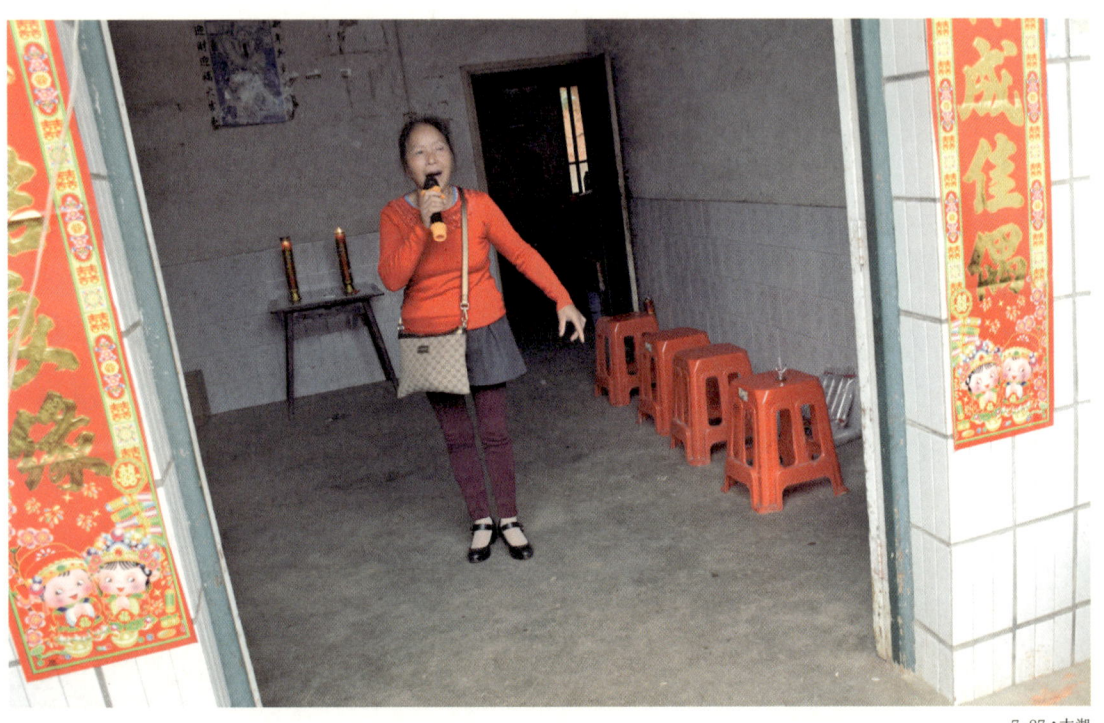

7-27◆古湖

7-26 ◆石井铺

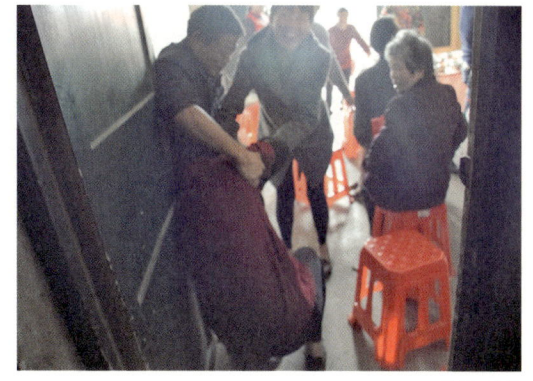

7-28 ◆古湖

回门 [fei¹³mən¹³]

婚礼后的第二天或者第三天，新婚夫妇一起去女方家拜见女方长辈和亲戚。女方家里会做"回门酒"[fei¹³mən¹³tsiəu⁴²]。

吵媒人 [tsʰau⁴²mei¹³in¹³]

戏弄媒人，一种婚俗。结婚的前一天晚上，男方做陪媒酒答谢媒人，熟人、邻居在陪媒酒上往媒人脸上抹锅底灰、灌酒，用特殊方式祝贺他做媒成功。也叫"洗媒"[si⁴²mei¹³]。

做厨 [tsəu⁴⁵ky¹³]

操办酒席的饭菜。当地农村的结婚喜事一般在自己家里操办，结婚酒席请来专门的厨师掌勺，在露天的坪里砌灶、架锅子、煮饭、炒菜，亲戚、邻居都来帮忙，繁忙热闹，充满了喜庆的地方气息。

7-29 ◆石井铺

7-31 ◆ 玉

二 生育

满月酒 [muŋ⁴² yæ²⁴ tsiəu⁴²]

为庆贺婴儿出生一个月摆的酒席。婴儿出生后，当地有摆酒席庆贺的习俗。婴儿出生后第三天摆的酒席叫"三朝酒"[sã³³ tʂau³³ tsiəu⁴²]，出生后一个月摆的酒席叫"满月酒"，出生后一百天摆的酒席叫"百日酒"[pæ²⁴ i²⁴ tsiəu⁴²]。广邀亲戚朋友来喝酒，并分送红鸡蛋。

走月子 [tsəu⁴² yæ²⁴ tsʅ⁰]

新生儿满月后第一次出门。"走月子"必须去人丁兴旺、幸福美满之家，不一定是至亲，由该家主动接产妇和婴儿"走月子"，并给婴儿红包，意在让婴儿健康成长。

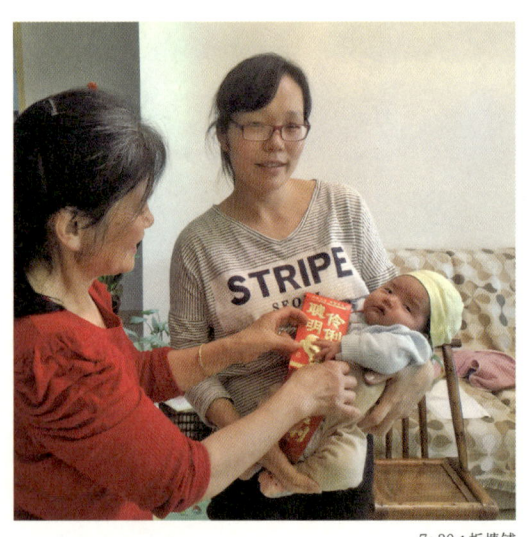

7-30 ◆ 板塘铺

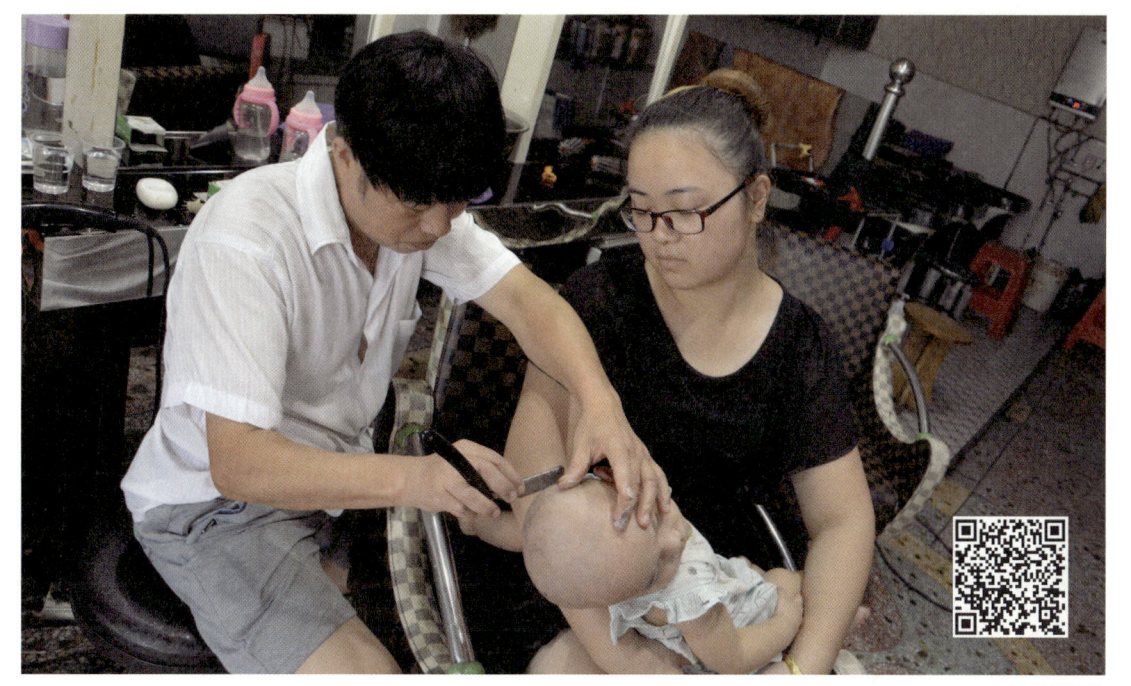

7-32 ◆凤凰西路

剃百日脑 [tʰi⁴⁵pæ²⁴i²⁴lau⁴²]

当地习俗，新生儿在出生满一百天的时候要剃光头，有的会在头顶囟门处留下一撮桃子形状的头发。剃头后要给理发师傅红包，并且要将剃下的胎毛妥善保存，留作纪念。

马=周 [mɒ⁴²tʂəu³³]

抓周。在孩子满周岁的那一天，家人在桌子上摆上笔墨纸砚、书、算盘、玩具、吃食等，让孩子任意抓取，认为可预测小孩前途。

7-33 ◆玉莲路

7-34◆许家冲

寿堂 [ʂəu²¹tuŋ¹³]

　　给老人祝寿摆酒席的地方。当地有给老人做寿的习俗，老人满60岁、70岁、80岁的那一年，儿女们要为老人做寿，亲友们前来为老人祝寿。一般在自己家门前的坪地里搭上一个棚子摆酒席招待客人。

敬寿星酒 [tɕin⁴⁵ʂəu²¹sin³³tsiəu⁴²]

　　来祝寿的人向寿星敬酒，祝贺寿星健康长寿。

7-35◆许家冲

三 丧葬

7-36 ◆尹家冲

寿器 [ʂəu²¹kʰi⁴⁵]

棺材。又叫"千年屋"[tsʰii³³n̩ii¹³u²⁴]。按当地农村的传统习俗，长辈一过了60岁，晚辈就会为长辈准备好棺材。请风水先生看好时间伐木，一般用松木、柏木或楠木。把砍下的树木截成9尺长、直径一致的圆木，去皮，阴干。之后再在风水先生看好的时间请木匠将圆木制成棺材，上漆。

吊中 [tiau⁴⁵tʂən³³]

遗体入殓后，用一根白棉线拴上一枚铜钱，按逝者从头到脚的方向在棺材的正中间放好，铜钱在逝者的脚那一头吊出棺外，称为"吊中"，寓意对大小儿子、子孙不偏心。

7-37 ◆柳桥 　　7-38 ◆柳桥

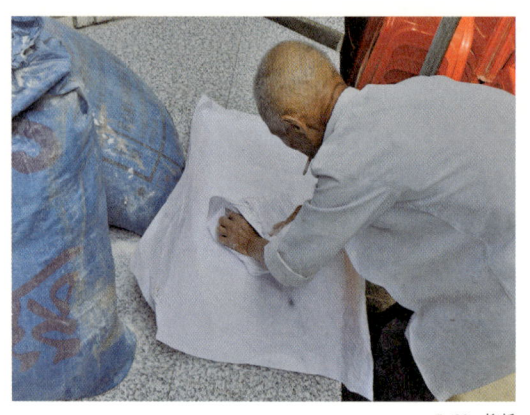

7-39◆柳桥

7-40◆柳桥

扎灰包 [tsɒ²⁴fei³³pau³³]

用白纸包好石灰做逝者的枕头。"灰包"两头上翘，呈船形，可以固定逝者头部。

镜瓦 [kin⁴⁵uɒ⁴²]

盖在逝者脸上的弧形玻璃片。"镜瓦"上盖石灰，可避免石灰直接盖在逝者脸上。

寿衣 [ʂəu²¹i³³]

装殓逝者的衣服。完整的一套寿衣包括帽子、上衣、裤子、鞋袜等。老人过了60岁以后，子女就要为其准备寿衣。寿衣要成单数，三套、五套不等。一般要让孝子先穿上暖暖身子，再给逝者穿，使逝者感到亲人的温暖，以期保佑子孙。无论内衣、外衣，一律不用纽扣，只用小条布做带子，以带子代替纽扣，寓意会带来儿子、孙子，后继有人。

寿被 [ʂəu²¹pei²¹]

盖在逝者身上的狭长小被，以布、缎作为面料，上绣星、月、龙、凤等图案。逝者为男性用红色，逝者为女性用绿色。寿被也忌双喜单，只盖单数层，即一层或三层。

7-41◆八角

7-42◆八角

7-43 ◆ 八角

兜尸被 [tie³³ʂʅ³³pei²¹]

包裹逝者遗体的被子，用白色棉布制成。穿好寿衣后，将遗体放于兜尸被上，兜尸被盖于遗体上要呈"之"字状，象征子孙代代连绵不绝。

7-45 ◆ 柳桥

花圈 [fo³³tʂʰõ³³]

用鲜花或者纸花等扎成的环形祭奠物品，献给逝者表示哀悼。

灵堂 [lin¹³tuŋ¹³]

停放灵柩、供亲友吊唁的场所。长者寿终后，丧家在家门口搭建灵堂，或在堂屋、祠堂内设灵堂。灵堂的一侧或后部摆放棺材；前面供桌上摆放牌位、逝者遗像、蜡烛及供品等，这里也是孝子贤孙和道士、仙师为逝者治丧的地方；后面是演奏哀乐的乐队，墙上挂有二十四孝图。

7-44 ◆ 柳桥

7-46 ◆柳桥

7-47 ◆柳桥

孝服 [ɕiau⁴⁵fu²⁴]

一般为白色的衣服，或披两米长麻做的"拖地布"[tʰo³³ti²¹pu⁴⁵]，逝者的儿子、媳妇及孙辈所穿。孝子们头戴"三棱冠"[sã³³lin¹³kõ³³]，手持"扑丧棍"[pʰu²⁴suŋ³³kuən⁴⁵]。"扑丧棍"用白纸剪成丝状缠裹在1米多长的棍子上做成。棍子有"男桐女竹"的讲究，即逝者为男性的话，棍子用桐木，逝者为女性的话，棍子用竹子。

披麻 [pʰi³³mɒ¹³]

孝子孝孙居丧时在衣扣上挂麻，有的还在腰上系草绳子，即所谓的"披麻戴孝"。

家包 [tɕiɒ³³pau³³]

旧俗认为人死后，需要道士为逝者向地府开"介绍信"，以便逝者顺利到达地府并在地府过上好日子。这封"介绍信"要打成包烧给逝者，叫"家包"。

灵屋 [lin¹³u²⁴]

烧给逝者的纸房子。"灵屋"的骨架为竹篾，材料是各种彩色纸，经纸马匠巧手搭配后，把一座"灵屋"糊裱得五颜六色，并配有院落、殿堂、亭台楼阁等。

7-50 ◆柳桥

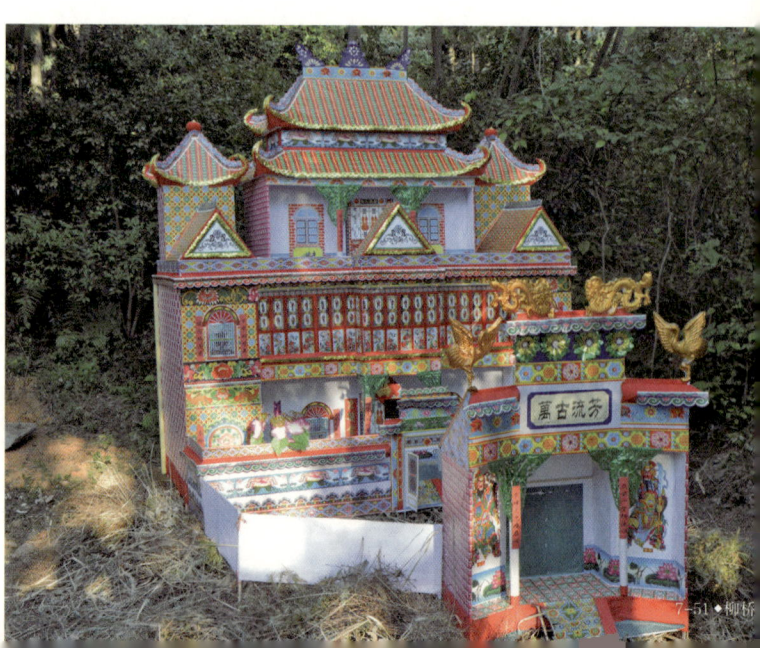

7-51 ◆柳桥

7-48◆柳桥

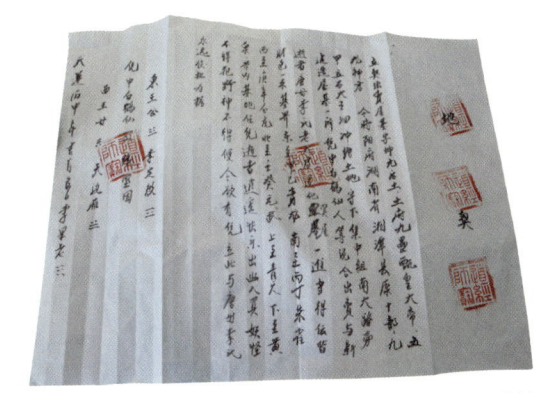

7-49◆柳桥

三棱冠 [sã³³lin¹³kø̃³³]

丧礼仪式中孝家戴的帽子。用一根篾片围成一个圈，上面粘上剪成齿状的白色纸条，然后再用贴上白色纸条的三根小竹篾片，弯曲成拱形固定在竹圈上，做成"三棱冠"。儿子的帽子上为三棱挂棉花球，媳妇、女儿的帽子上为两棱挂棉花球，孙辈的帽子上是一棱挂棉花球。

地契 [ti²¹tɕʰi⁴⁵]

买卖冥府土地所立的契约。旧俗认为挖墓穴要先立好购买冥府墓地的地契，地契也要打成包，挖墓穴前烧掉。

钱纸 [tsiĩ¹³tʂʅ⁴²]

纸钱，在黄草纸上用打纸钱的工具打上铜钱形状的洞，用来烧给逝者。办丧事"化屋"[fʊ⁴⁵u²⁴]（见图7-67）时把纸钱分成一斤一叠，用白纸包好，堆成钱山，与"灵屋"一起焚化，给逝者烧去。在钱山前面插两盏纸做的灯，也与纸钱同时焚化。

7-52◆柳桥

7-53◆柳桥

7-54◆柳桥

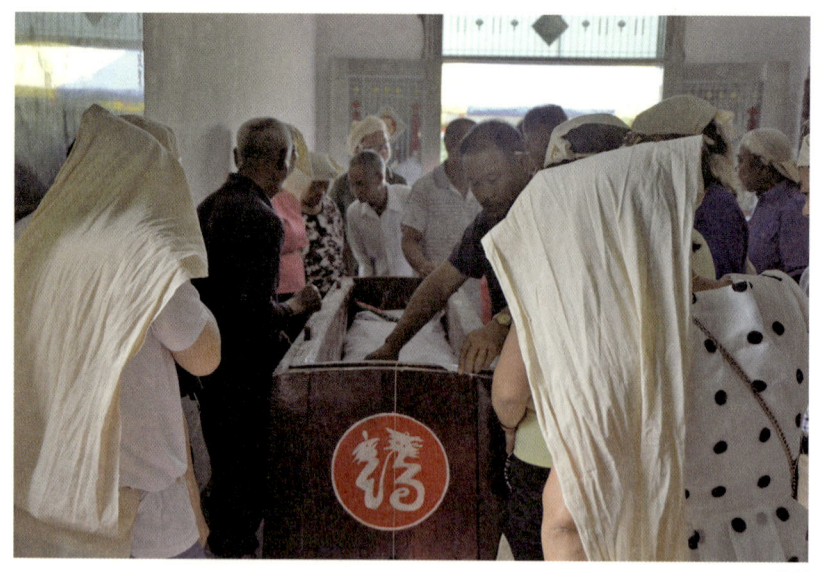

入棺 [y²⁴kɵ̃³³]

把遗体放入棺材。先在棺材底部垫上石灰，再摊上垫棺纸。遗体入棺后，盖上寿被，在遗体头部的左右塞上"灰包"做成的枕头，脸上盖上"镜瓦"。入棺时要"打香坛" [ta⁴²ɕiuŋ³³tã¹³]，即把白酒浇在烧红的砖头上，用散发出的热气熏屋子，起到杀菌、遮盖气味的作用。

盖石灰 [kai⁴⁵ʂɒ⁴⁵fei³³]

用石灰覆盖整个遗体，塞满棺材，与棺材口齐平，并把石灰抹平。石灰有防腐、防蛀的作用，给遗体盖上石灰是一直传承下来的遗体处理方式。

7-55◆柳桥

7-56 ◆柳桥

做字 [tsəu⁴⁵tsʅ²¹]

手指弯曲在抹平的石灰上写字，写"显考（显妣）某某老大人（老孺人）之灵柩"一类文字，字上放黑色炭灰。

7-58 ◆柳桥

做道场 [tsəu⁴⁵tau²¹tʂuŋ¹³]

孝家请道士做法事，念经，为逝者超度亡灵，表达生者哀思之情和孝敬之心。

封殓 [fən³³liĩ²¹]

盖上棺盖。这时人要站在棺盖上跳动，让棺盖盖得严实。整个"入棺""盖石灰""做字""封殓"过程中，孝子们都会在一旁哭丧。

7-57 ◆柳桥

7-59◆柳桥

写牌位 [siɒ⁴²pai¹³uei⁴⁵]

由礼生写主位牌子（即灵牌），孝长子在旁跪着。灵牌前面正中写"已故显考（妣）×××之神主"，"主"字上面一点不写，写"王"字，要到举行"点主"仪式时再加上这一点。灵牌的背面写上亡者身份、排行及生卒年月。丧事后主位牌将被请入家庙或家堂中永久供奉。

点主 [tiĩ⁴²ky⁴²]

丧礼中最隆重的仪式。主位牌事先写好，其中"主"字上面的一点不写，在"点主"仪式上，由主祭用针刺破孝子的中指，滴一滴血在墨中，再由孝子用毛笔蘸墨点上"主"字上那一点，认为此时逝者才有权列入祖先牌位中。这一习俗表明了家族中的血脉继承关系。

7-60◆柳桥

7-61 ◆柳桥

过雁鹅桥 [ko⁴⁵ŋai²¹o¹³tɕiau¹³]

　　丧礼仪式之一。旧俗认为人死后进阴间，需经过"雁鹅桥"。丧礼上有道士引导逝者"过雁鹅桥"的仪式。在楼梯上蒙上白布，架在桌子、凳子上，当"雁鹅桥"。"桥"下放一双逝者生前穿过的鞋子、用过的洗脚盆。孝子举着主位牌在"桥"的对岸跪着迎接逝者。礼生唱念"好点走，慢慢行"，送逝者顺利通过"雁鹅桥"。

破地狱门 [pʰo⁴⁵ti²¹iəu²⁴mən¹³]

　　丧礼仪式之一。在地上用石灰画地狱门，再摆上纸做的地狱门，礼生唱念礼文，带领孝子们跪拜，围绕地狱门转圈，喻指道士带孝子们踩烂地狱门，帮助逝者解难，不受地狱之苦。

7-62 ◆柳桥

7-63 ◆柳桥

祭奠 [tsi⁴⁵tiĩ⁴⁵]

丧礼仪式。由礼生读文喊礼，带领相关人来祭奠逝者，分以下几种："家奠"[tɕiɒ³³tiĩ⁴⁵]：由礼生带领逝者的儿子、媳妇和孙辈来祭奠；"堂奠"[tuŋ¹³tiĩ⁴⁵]：由礼生带领逝者的叔、伯及其子孙祭奠；"宾奠"[pin³³tiĩ⁴⁵]：由礼生带领来宾祭奠。"家奠""堂奠""宾奠"均在出殡的前一天晚上举行。在丧事举办期间每餐开饭前也要祭奠，寓意请逝者来吃饭。早餐前的祭奠叫"朝奠"[tʂau³³tiĩ⁴⁵]，中餐前的祭奠叫"中奠"[tʂən³³tiĩ⁴⁵]，晚餐前的祭奠叫"夕奠"[si²⁴tiĩ⁴⁵]。祭奠完了，逝者用过餐后，生者才能吃饭。图7-63为一次"中奠"。

回拜 [fei¹³pai⁴⁵]

孝子向来悼念逝者的客人行礼跪拜，对客人表示感谢。客人在逝者牌位或遗像前行过跪拜礼后，要扶起孝子。

7-65 ◆柳桥

坨子肉 [to¹³tsɿ⁰iəu²⁴]

办丧事时尤其是"开堂"的那一顿饭必上的一道菜。用肥瘦相间的带皮猪肉切成2—3厘米见方的肉块，先炖熟，再加豆豉、辣椒回锅。

7-66 ◆柳桥

7-64◆柳桥

开堂 [kʰai³³tuŋ¹³]

出殡的前一天摆丧宴。这一餐饭最热闹,所有参加丧礼的亲朋好友都来吃饭,席中最重要的一道菜是"坨子肉",因此这餐饭又叫"吃坨子肉"。因宾客多,要专门搭棚子。

化屋 [fɒ⁴⁵u²⁴]

出殡的前一天晚上烧"灵屋"。

7-67◆柳桥

出殡 [tɕʰy²⁴piŋ⁴⁵]

把灵柩运送到安葬的地点。出殡时孝子举"幡子" [fa³³tsʅ⁰] 走在最前边,其次是花圈队伍、鼓乐队,孝长子捧遗像,遗像上要打一把黑伞,接下来是孝子女、灵柩、锣鼓班子、其他送葬亲友。从家里出发,一路鞭炮鼓乐不断,直到墓地。

7-69◆柳桥

抬大轿 [tai¹³tai²¹kiau²¹]

指出殡时抬棺材。一般都是八人抬，也有十六人抬，三十二人抬等。称棺材为"大轿"，是一种委婉说法。棺材上要绑一只活公鸡，旧俗认为可除煞气。

路祭 [ləu²¹tsi⁴⁵]

沿途祭奠。逝者的女儿、侄子等在送葬队伍经过的路上或路过自己家门口时，设一个小供桌，摆祭品，烧香烛纸钱，杀鸡，念祭文，放鞭炮，祭奠逝者。此时送葬队伍要停下来参与"路祭"。

7-70◆柳桥

下葬 [ɕiɒ²¹tsuŋ⁴⁵]

把棺材放入墓穴中。棺材抬到墓地后,"地师"[ti²¹sʅ³³]风水先生拿罗盘据后人生辰八字看方位,定朝向。孝子跪在坟头,八人用粗绳子把棺材套好,扯着绳索,数人往里放棺材。遗体的处理县城早就推行火葬,乡镇也在逐渐推行火葬。

7-71◆柳桥

幡子 [fã³³tsɿ⁰]

引魂幡。一种垂直悬挂的纸幡，丧葬时用以招引鬼魂。在出殡的时候，一般由长孙或长子举着引魂幡走在出殡队伍的最前面。在棺材下葬后，引魂幡要插在墓上。

分金⁼ [fən³³tɕin³³]

落棺后，"地师"一边把一直供在灵前的米撒到孝子身上和墓穴里，一边说好话。此米叫"呼龙米"[fu³³lən¹³mi⁴²]，赞语如："呼在龙头出天子，呼在龙尾出状元。"之后"地师"把剩余的米平均分给几个儿子，叫"分金⁼"，也叫"分发财米"[fən³³fa²⁴tsai¹³mi⁴²]，寓意他们逝去的长辈把财气福气传给后人。

7-72◆柳桥

7-73◆柳桥

湘潭

柒·婚育丧葬

251

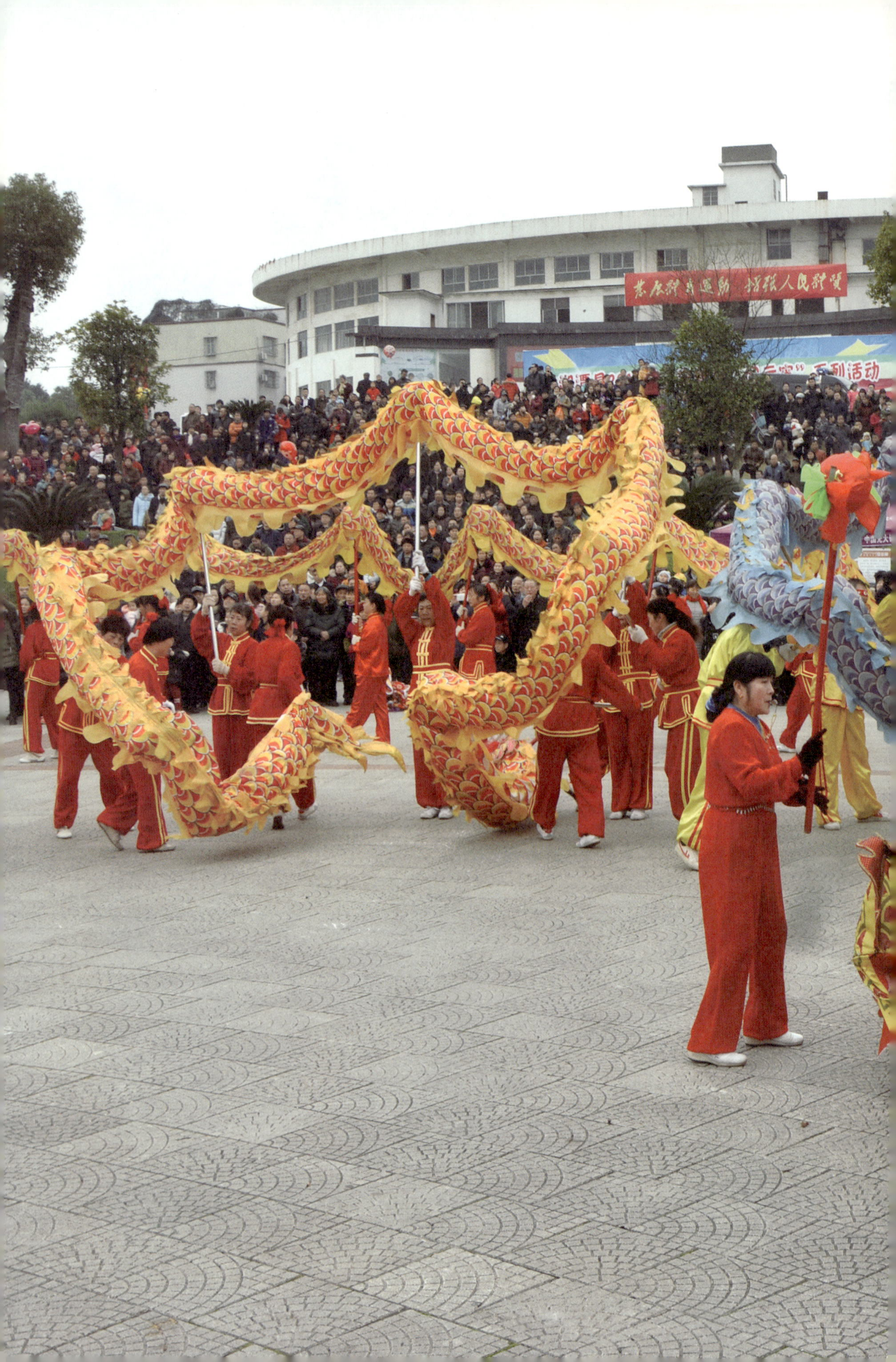
发展体育运动 增强人民体质
系列活动

捌·节日

湘潭人比较重视的节日有春节、元宵节、清明节、端午节、中元节，富有地方特色的传统节日民俗仍然保存。例如，春节期间要吃年饭、拜年、吃春饭；元宵节舞龙、舞狮子、吃汤圆；三月三吃"地菜子煮鸡蛋"[ti²¹tsʰai⁴⁵tsŋ⁰kv⁴²ki³³tã²¹]，清明节去坟山"挂山"[kuɒ⁴⁵sã³³]扫墓祭祖，吃"蒿子粑粑"[xau³³tsŋ⁰pɒ³³pɒ⁰]；端午节赛龙船，吃粽子；七月半"接老客"[tsie²⁴lau⁴²kʰæ²⁴]、"烧包记名"[sau³³pau³³k⁴⁵min¹³]等。有些传统节日越来越受到政府部门的重视，如湘潭县每年春节、元宵节期间都会在白石广场举办"庆新春·闹元宵"系列文体活动，这些活动包括舞龙舞狮表演，青山唢呐、油纸伞等非遗项目现场表演展示，新春送福，猜灯谜等；湘潭市龙舟协会每年端午节都会在湘江举行声势浩大的划龙船比赛。有些节日及习俗却正在被人们慢慢淡忘，如过小年祭灶。

"每逢佳节倍思亲",过节思亲,尤其是思念已逝的祖先亲人,因此湘潭人过节与祭祖总是联系在一起。如除夕要给祖先拜年,请祖先享用年饭以后,后人才能吃年饭;正月初一首先要去坟头给祖先磕头拜年。清明节、中元节更是祭祀祖先的专门节日。如中元节之前,家家户户都会去户外烧纸钱、放鞭炮,持香烛把"老客"[lau⁴²kʰæ²⁴]先祖接回家中,在家中摆上祭品,准备丰盛的一日三餐,供先人享用,待客时间为三到七日不等。送客的那天早上要杀鸡,将鸡血装在盆中。晚饭后,供完茶点就可以送"老客"走了。把敬完的茶倒入装鸡血的盆中,然后把蜡烛吹灭,边烧纸钱边拿着鸡血盆、香烛、鞭炮往外走,走到接"老客"的地方点燃香烛、鞭炮,倒掉鸡血,所有人往回走,不能回头看。这些礼俗处处体现人们对祖先的思念与尊敬,也表达了人们希望祖先保佑后人平安幸福的愿望。

一 春节

8-2 ◆玉莲路

过小年 [ko⁴⁵siau⁴²n̲iĩ¹³]

农历腊月二十四是传统节日小年，在这一天全家聚在一起吃饭过小年。这一天要早起搞卫生、贴春联、洗头、理发。过小年前一晚有祭灶的旧俗，现已罕见。

腤腊肉 [ŋau⁴²lɒ²⁴iəu²⁴]

腌渍做腊肉用的猪肉。腤，《广韵》皓韵乌皓切，"藏肉"。过年之前，家家都要做腊肉。把大块新鲜猪肉用盐、花椒、酱油、辣椒粉等腌渍。猪肉腌渍四至五天后，在太阳下晒两天晾干水分，再在柴火灶上烧橘子皮、米糠等来熏，这样做出来的腊肉色香味俱全。腊肉是过年期间一道必不可少的菜肴。

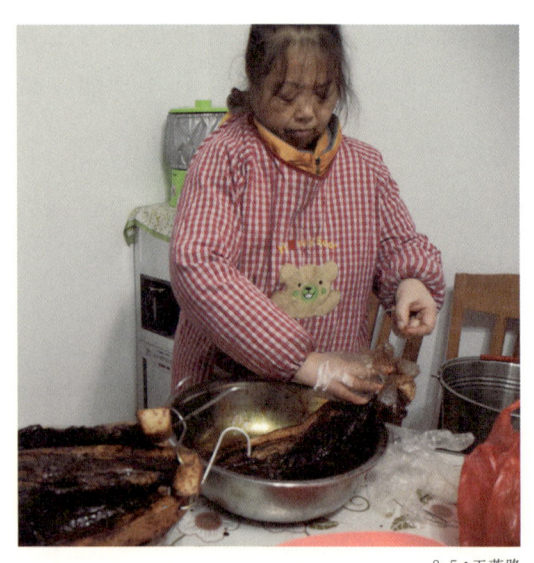

8-5 ◆玉莲路

贴对联 [tʰie²⁴tei⁴⁵liĩ¹³]

过小年有贴春联的习俗，每家每户上街购买春联或者自己铺纸提笔书写春联，贴在大门两边。

贴福字 [tʰie²⁴fu²⁴tsʅ²¹]

小年这一天，每家每户都会在门上、墙上或大衣柜上倒贴"福"字，寓意福已来到。

打堂煤灰 [tɒ⁴²tuŋ¹³mɒ⁴⁵fei³³]

即扫尘。当地小年期间有扫尘的习俗。"堂煤灰"是积在屋顶、墙角的尘垢及蛛网，必须用带长把的扫帚或鸡毛掸子去打扫，打扫的人要戴上草帽或包上头巾，防止灰尘落在头上、脸上。

8-6 ◆八角

8-7 ◆八角

炕腊鱼 [kʰuŋ⁴⁵lɒ²⁴y¹³]

　　新鲜鱼肉用盐腌渍后,放在柴火灶上,烧橘子皮、米糠等来熏制。熏制好的腊鱼色泽黄亮,带有独特的烟熏香味,是春节期间待客的一道菜。

跟祖宗拜年 [kən³³tsəu⁴²tsən³³pai⁴⁵n̪iĩ¹³]

　　除夕年夜饭之前,要在堂屋中神龛下的供桌上点好香烛,摆好为年夜饭准备的菜,如整鸡、整鱼,先向天地和祖先拜年,让祖先先吃,家人要跪拜,烧纸钱,然后才能吃年饭。

雪花丸子 [ɕie²⁴fɒ³³ɒ̃¹³tsɿ⁴²]

　　在大粒的肉丸外面裹上凉水浸泡过的糯米,蒸熟后的糯米像雪花,故名。"雪花丸子"香软可口,肉质鲜嫩,象征团圆,是过年一道必备的菜。

蛋卷 [tã²¹tʂɒ̃⁴²]

　　把拌好的肉末均匀地抹在摊好的蛋皮上,裹紧卷成条形,再切成饼状,蒸熟即成。其圆饼形状也有团圆的寓意,是春节期间必备的一道菜。

8-9 ◆玉莲路

8-10 ◆玉莲路

8-8 ◆玉莲路

年饭菜 [n̠iĩ¹³fã²¹tsʰai⁴⁵]

当地的年饭是除夕的晚餐，丰盛的"年饭菜"摆满一桌。菜品有鱼，寓意"年年有余"；有五圆整鸡、蛋卷、雪花丸子，寓意"团团圆圆"；还有蒸菜、扣肉等。现在过年吃多少摆多少，有些菜不一定上桌。旧俗吃年饭时禁吃鱼，认为吃了鱼，就没有鱼（余）了。

团团圆圆 [tuŋ¹³tuŋ¹³ø̃¹³ø̃¹³]

合蒸的雪花丸子与蛋卷。这是一道新菜，表达人们期盼春节一家团圆的愿望。

扣肉 [kʰəu⁴⁵iəu²⁴]

用猪肉加工成的一道传统菜肴，色泽红亮，是春节期间必备的一道菜。"扣"指整块猪肉的肉皮朝上倒扣在碗中，下面一般放咸菜或者梅干菜。

8-11 ◆玉莲路

8-12 ◆百花路

8-13 ◆玉莲路

守岁 [ʂəu⁴²sei⁴⁵]

过年的传统习俗。年夜饭过后，全家人聚在一起围炉烤火、聊天、吃零食，一夜不睡，迎接新年的到来。现在主要是看春节联欢晚会直到凌晨。

打麻将 [tɒ⁴²mɒ¹³tsiuŋ⁴⁵]

春节期间家人朋友在一起常见的娱乐活动。当地最常见的打法是打"转转麻将"[tɕyã⁴⁵tɕyã⁴⁵mɒ¹³tsiuŋ⁴⁵]，可以有多个人参与，和牌的人起身让位给别人，轮流上桌，故称为"转转麻将"。

压岁钱 [iɒ²⁴sei⁴⁵tsiĩ¹³]

过春节时长辈给小孩的钱。除夕晚上吃团圆饭的时候或春节拜年时，长辈会把事先准备好的压岁红包送给晚辈。相传压岁钱可以压住邪祟，因为"岁"与"祟"谐音，晚辈得到压岁钱就可以平平安安度过一岁。

8-14 ◆玉莲路

8-15 ◆玉莲路

8-16 ◆八角

放花炮 [xuŋ⁴⁵fɒ³³pʰau⁴⁵]

大年三十晚上，孩子们在家长的带领下燃放花炮迎接新年的到来。花炮种类繁多，有礼花、冲天炮、降落伞等。但燃放烟花污染环境，现在越来越少。

出天行 [tɕʰy²⁴tʰiĩ³³ɕin¹³]

春节传统习俗。正月初一清早吃完早饭后，打开大门，谓"开财门"[kʰai³³tsai¹³mən¹³]。这时要燃放鞭炮，表示迎接财神进屋。然后点燃香烛，再燃放鞭炮，向吉方对天揖拜，谓之"出天行"。此时，一家人可以出门给亲戚们拜年或迎接亲友来家中拜年。放鞭炮会造成环境污染，现在很少有人放鞭炮。

8-17 ◆八角

8-18◆八角

拜坟 [pai⁴⁵fen¹³]

到祖先坟前拜年。大年初一,全家人吃完早餐后先去祖先的坟上烧香、烧纸钱、放鞭炮、跪拜,给祖先拜年,感谢祖先一年来对后人的保佑,祈求祖先保佑后人在新的一年吉祥平安。

拜年 [pai⁴⁵n̠iĩ¹³]

向人祝贺新年。大年初一早晨,家中晚辈给长辈拜年。此后几天,或提着礼物给长辈、亲戚拜年,或到左邻右舍家中拜年。现在电话拜年、短信拜年、微信拜年也很流行。旧时拜年有约定的顺序,民间有"初一崽,初二郎,初三初四拜地方……"的顺口溜。

8-19◆玉莲路

8-20 ◆八角

待客 [tai²¹kʰæ²⁴]

春节期间,有亲朋好友或左邻右舍来家中拜年,主人在坪里或者家中的堂屋里摆上瓜子、花生、糖果等招待客人,边喝茶边聊天,相互表达新春祝福。

吃春饭 [tɕʰiŋ²⁴tɕʰyn³³fã²¹]

春节习俗。正月的头几天晚辈先给长辈拜年,正月初十立春以后,晚辈请长辈们吃饭。

8-21 ◆玉莲路

湘潭 ─── 捌·节日

二、元宵节

舞龙 [u⁴²lən¹³]

  主要在春节至元宵节期间开展的民俗活动。有政府组织的舞龙表演，也有各乡镇自发组织的舞龙表演。湘潭县每年都会在白石广场举办"庆新春·闹元宵"系列文体活动，每次都有来自各乡镇的十几支舞龙队伍参加，十几条龙穿插飞跃在广场上，随着音乐和鼓声舞动龙头和龙身，盘旋、跳跃、交错，花样众多。全县各乡镇的人都会赶来观看表演，整个白石广场人山人海，热闹非凡，充满了节日的气氛。

8-22 ◆白石广场

猜灯谜 [tsʰai³³ tən³³mi¹³]

元宵节传统娱乐活动。湘潭县每年元宵节期间都会在县城易俗河镇白石广场举办猜灯谜活动，在白石广场上悬挂大量灯谜，营造节日气氛。

舞狮子 [u⁴² sʅ³³tsʅ⁰]

主要在春节至元宵节期间开展的民俗活动。图 8-24 是湘潭县白石广场的舞狮子表演，多头狮子参加，狮子根据音乐和引狮人的引导完成跳跃、打滚、抖毛、登高、踩球等动作。

8-24 ◆白石广场

8-25 ◆白石广场

龙狮表演 [lən¹³sʅ³³piau⁴⁴iĩ⁴²]

主要在春节至元宵节期间开展的民俗活动。龙与狮子随着音乐和鼓声一起跳跃、翻腾，多条龙摆成各种阵势和姿态，与狮子一起互动表演，十分精彩热闹。

送福字 [sən⁴⁵fu²⁴tsʅ²¹]

把"福"字送给人们，表示祝福。图8-28是湘潭县"庆新春·闹元宵"活动的组织者邀请湘潭县书法家协会的书法家现场写"福"字，免费送给大家。送福字活动平时也可以举行，新春期间由政府组织的送福字活动影响最大。

8-28 ◆白石广场

8-26 ◆白石广场

吹唢呐 [tɕʰye³³so⁴²lo⁴⁵]

演奏一种管乐器。每年在湘潭县"庆新春·闹元宵"活动的舞台演出。唢呐表演有的是单纯吹唢呐，如图 8-27；有的是以唢呐为核心的民俗吹打乐，即以唢呐为主，融入笙管演奏，还有笛子、二胡与锣、钹等一起配合演奏，如图 8-26，这里均为石鼓镇、青山桥镇的表演艺人。湘潭县的"石鼓·青山唢呐"2008 年被列入国家第一批非物质文化遗产扩展项目名录。

8-27 ◆白石广场

湘潭 捌·节日

8-29 ◆杏花一路

8-30 ◆杏花一路

汤圆心子 [tʰuŋ³³ø̃¹³sin³³tsɿ⁰]

元宵馅。在锅中熬糖，分别放入花生、黑芝麻、豆沙、桂花等不同原料，熬成整块，再切成小方块即成。

做汤圆子 [tsəu⁴⁵tʰuŋ³³ø̃¹³tsɿ⁰]

加工元宵。批量加工元宵用元宵机。把切成小方块的元宵馅加水润湿，糯米粉也加水成半干湿状态，把元宵馅放在糯米粉中，开动元宵机，元宵馅在糯米粉中反复滚动，越滚越大，最后加工成乒乓球大小的元宵。

吊煎粑粑 [tiau⁴⁵tsiĩ³³pɒ³³pɒ⁰]

把"水磨糯米粉子"做成饼状，再油炸而成。"水磨糯米粉子"带水磨成，水分多，要用包袱布包着吊起来挂一段时间，把水沥干，做成饼状再油炸，故称"吊煎粑粑"。这是小朋友的美食，一般要在元宵节才能吃到。刚出锅的"吊煎粑粑"外脆内软，拌上白糖，又香又甜。

8-32 ◆八角

8-31 ◆八角

磨糯米粉子 [mo¹³lo²¹mi⁴²fən⁴²tsʅ⁰]

当地有元宵节"磨糯米粉子"做"吊煎粑粑"、"光坨子"[kuŋ³³to¹³tsʅ⁰]的习俗。磨糯米时一人推磨,一人用勺子往磨眼里添加带水的糯米,这样磨出来的糯米粉叫"水磨糯米粉子"[ɕye⁴²mo¹³lo²¹mi⁴²fən⁴²tsʅ⁰],用来做"吊煎粑粑""光坨子"吃,口感更细腻、更滑软。

光坨子 [kuŋ³³to¹³tsʅ⁰]

"水磨糯米粉子"做成的无馅的元宵,"光"就是无馅的意思,"坨子"是团状物的意思。煮"光坨子"一般要加甜酒、鸡蛋。

8-33 ◆八角

三 清明节

去挂山 [tɕʰy⁴⁵kuɒ⁴⁵sã³³]

去扫墓。湘潭方言管清明扫墓、祭祖叫"挂山",因祭祖时需要把纸幡挂在山中坟墓上,故名。人们带着祭品与扫把、柴刀等工具,到坟上去祭拜祖先亲人。当地清明祭祖包括以下内容:扫墓;插纸幡;烧香、烧纸钱、放炮;"转坟" [tʂõ⁴⁵fən¹³];跪拜、磕头;洒酒祭奠。

8-35 ◆八角

扫墓 [sau⁴²mo⁴⁵]

"扫墓"在湘潭方言中是个后起的新词，特指打扫坟墓。清明祭祖要打扫坟墓，砍掉坟墓上头及周边的茅草和灌木。

插幡子 [tsʰɒ²⁴fã³³tsʅ⁰]

在坟墓上插纸幡。纸幡又叫"挂山纸"[kuɒ⁴⁵sã³³tsʅ⁴²]，原本是纸做的，长条形状，有的带有花纹，有各种颜色，挂在棍子上，再插在坟墓上。近年改用塑料花，称"京花"[tsin³³fɒ³³]，所以"插幡子"又叫"插京花"[tsʰɒ²⁴tsin³³fɒ³³]。

8-34 ◆八角

8-36 ◆八角

8-37◆八角

转坟 [tṣõ⁴⁵fən¹³]

  围绕坟墓转圈。当地清明祭祖有"转坟"的习俗。按年龄从大到小的顺序，年龄大的走前边，围着坟墓转三圈，表示去逝者家中走一趟，去看望逝者。

祭酒 [tsi⁴⁵tsiəu⁴²]

  清明祭祖时，在墓前洒酒，以祭奠逝去的前辈。

8-38◆八角

8-39 ◆八角

坟山 [fən¹³sã³³]

用作坟地的山。山中的坟墓有用水泥修建的，有墓碑和小围墙；有的则较简陋，只是坟堆。每到清明节，所有坟墓都有后人去"挂山""插幡子"，坟山上插满了红艳艳的"京花幡子"[tsin³³fɒ³³fã³³tsɿ⁰]。

野艾 [iɒ⁴²ŋai²¹]

蒿子。当地有清明节踏青、采"野艾"、做"蒿子粑粑"[xau³³tsɿ⁰pɒ³³pɒ⁰]用蒿子做的饼状食物吃的习俗。

蒿子·粑粑 [xau³³tsɿ⁰pɒ³³pɒ⁰]

用蒿子做的饼状食物。把从山上采回来的蒿子洗净，用开水焯一下，去掉苦涩，切碎，加糯米粉做成"蒿子粑粑"。可蒸熟食用，当地常见的吃法是用油炸了吃。一般会多做一些，分送给亲友邻里。

8-40 ◆八角

8-41 ◆八角

湘潭 捌·节日

四　端午节

赛龙船 [sai⁴⁵lən¹³tɕyõ¹³]

　　划龙舟比赛。湘潭境内有湘江、涟水、涓水流经，水域宽广，径流量大，湘潭市、湘潭县及下属乡镇每年端午节都会举办大型龙舟赛。图8-42、图8-43是湘潭市2016年端午节在湘

龙船 [lən¹³tɕyɤ̃¹³]

龙舟，形状像龙，船头有龙头，船尾有龙尾，船内用横木做成座位。

江上举办的一次龙舟赛。一条龙舟上需要三十多名划手、一名掌舵者、一名鼓手。比赛时，由一人敲鼓指挥，划手们按节奏划桨前进。多支龙舟队伍在江中展开激烈角逐，周围有大小船只保驾，天上还有直升机护航。

挂艾叶 [kuɒ⁴⁵ŋai²¹ie²⁴]

端午节习俗，在门上挂艾叶、菖蒲。每逢端午节前菜市场或集市有艾叶、菖蒲出售，农村一般会自己在野外采摘，挂在门前或者堂屋中，人们认为可辟邪祛湿，杀菌防病。

8-45 ◆玉莲路

粽子 [tsən⁴⁵tsʅ⁰]

端午节食品。端午节前夕，当地很多家庭都会自己包粽子。把粽叶卷成立体三角锥状，放入用碱水浸泡过的糯米，再根据个人口味加入馅料，如豆沙、猪肉、红枣等，包成三棱锥状，最后用线或粽叶条系紧，煮或蒸熟即可。

蒜子油 [sõ⁴⁵tsʅ⁰iəu¹³]

浸泡了大蒜的油。当地民间流行在端午节做"蒜子油"。在玻璃瓶中放入茶油和雄黄，再把大蒜剥皮后浸泡其中，即成。

8-48 ◆玉莲路

8-49 ◆玉莲路

8-46 ◆玉莲路

8-47 ◆玉莲路

洗艾叶水澡 [si⁴²ŋai²¹ie²⁴ɕye⁴²tsau⁴²]

端午节习俗。端午节这一天，大人会煮艾叶水给小孩洗澡。人们认为端午节这天给小孩洗艾叶水澡，小孩整个夏天都不会长痱子。民间有"端午九毒日"的说法，指农历五月初五、初六、初七、十五、十六、十七以及二十五、二十六、二十七这九天。民间认为这九天是一年中最毒的时候，抓住这些日子尤其是端午节这一天洗艾叶水澡，可排毒、排寒湿。当地俗语说："端午排毒，一生是福。"

吃蒜子水 [tɕʰiŋ²⁴sõ⁴⁵tsɿ⁰ɕye⁴²]

当地民间有端午节给小孩子喂"蒜子水"吃的习俗。认为"蒜子水"有排毒功效，有止咳、排气等作用。具体做法是把剥皮的大蒜在高压锅中炖熟，放白糖，喂给小孩吃。

麸子肉 [fu³³tsɿ⁰iəu²⁴]

用糯米和肉蒸的一道菜。当地过端午节有吃"麸子肉"的习俗。新鲜猪肉切块，加盐、糯米、红曲、八角粉、料酒，拌匀，蒸熟即可。"麸子"本指麦皮，这里指"麸子肉"中的糯米。

盐鸭蛋 [iĩ¹³ŋɒ⁴⁵tã²¹]

咸鸭蛋。当地有端午节吃"盐鸭蛋"的习俗。

8-50 ◆玉莲路

8-51 ◆玉莲路

五 其他节日

8-53 ◆玉莲路

8-52 ◆八角

地菜子煮鸡蛋 [ti²¹tsʰai⁴⁵tsʅ⁰ky⁴²ki³³tã²¹]

荠菜煮鸡蛋。当地民谚："三月三，地菜子煮鸡蛋。"农历三月初三日当地民间有吃荠菜煮的鸡蛋的习俗。民间认为吃了与荠菜同煮的鸡蛋可以祛风湿、清火，还可预防春瘟。当地荠菜煮鸡蛋有两种做法：一是荠菜与鸡蛋直接放清水煮熟（见图8-52）；二是先把鸡蛋煮熟去壳，然后放入荠菜、红枣、桂圆、莲子、花生米、糖一起煮（见图8-53）。

衣箱 [i³³siuŋ³³]

中元节烧给已故祖先的祭品。"衣箱"中包括当钱用的"莲花锭子"，还有纸做的衣服、手机、电视、汽车等。"衣箱"上要贴封条，封条上写上已故祖先的名字和烧"衣箱"者的名字，并注明日期，认为只有这样才能烧后送达逝者，逝者也能知道是谁烧的。

8-55 ◆关公坡

8-54◆关公坡

折莲花锭子 [tʂæ²⁴liĩ¹³fɒ³³tiĩ²¹tsʅ⁰]

用黄色土纸折成银锭的形状。农历七月十五中元节，当地民间有为逝去的先祖亲人烧"包封"[pau³³fən³³]和"衣箱"的习俗，"包封"中包纸钱，"衣箱"中的钱是"莲花锭子"。图8-54是湘潭县龙兴寺的老人在"折莲花锭子"。

包封 [pau³³fən³³]

中元节烧给已故先人的祭品。"包封"中包纸钱，"包封"上要写逝者的名字和烧钱者的名字。

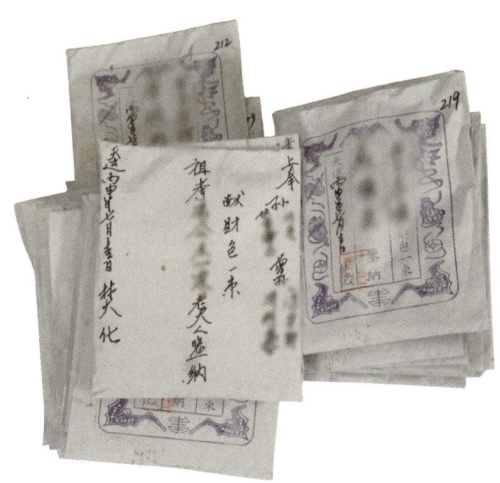

8-56◆关公坡

8-57◆关公坡

烧包 [ʂau³³pau³³]

中元节给已故先人焚烧包有纸钱的"包封""衣箱"。有的就在自家户外烧,有的请寺庙代烧。寺庙先举行超度法事,然后把为众人代烧的"包封"和"衣箱"集中在寺庙的焚香炉中焚烧。因此湘潭民间有"七月半烧包记名"的说法。现在只有少数老年人沿此旧俗。

8-58 ◆玉莲路

8-59 ◆玉莲路

月饼 [yæ²⁴piã⁴²]

中秋节的必备食品。现在月饼的品种很多，如火腿月饼、广式月饼、水果月饼等，但受当地人欢迎的月饼是传统的生油月饼和芝麻月饼。这两种月饼的馅料都是瓜子仁、花生仁、芝麻、冬瓜糖或冰糖、莲蓉等，生油月饼外面用一层纸包着。

摆糕点 [pai⁴²kau³³tiĩ⁴²]

特指中秋节待客或自家食用所摆的四样食品：月饼、"药糖"[io²⁴tuŋ¹³]、藕片、凉薯片。用大米和麦芽为原料制成饴糖，再经熬制、压片、切片、撒芝麻等多道工序加工成"药糖"。中路铺镇"药糖"最有名，其制作技术入选湘潭县非物质文化遗产项目。湘潭是莲藕之乡，中秋节前后正好是莲藕收获的季节，藕成了"摆糕点"的食品之一。

撮坟 [tsʰo²⁴fən¹³]

大寒日给坟堆培土。当地在大寒日有"撮坟"的习俗，只砍坟墓上的杂草，打扫落叶，给坟堆培土（撮土加在坟堆上），可烧香，但不放炮。大寒是二十四节气中的最后一个节气，也是一年中最寒冷的时候，为祖先的坟墓加层土好御寒，这是对祖先最好的祭奠。当地有"撮坟记堆"[tsʰo²⁴fən¹³tɕi⁴⁵tei³³]的说法，即给坟堆培土，记住祖先的坟堆。

8-60 ◆八角

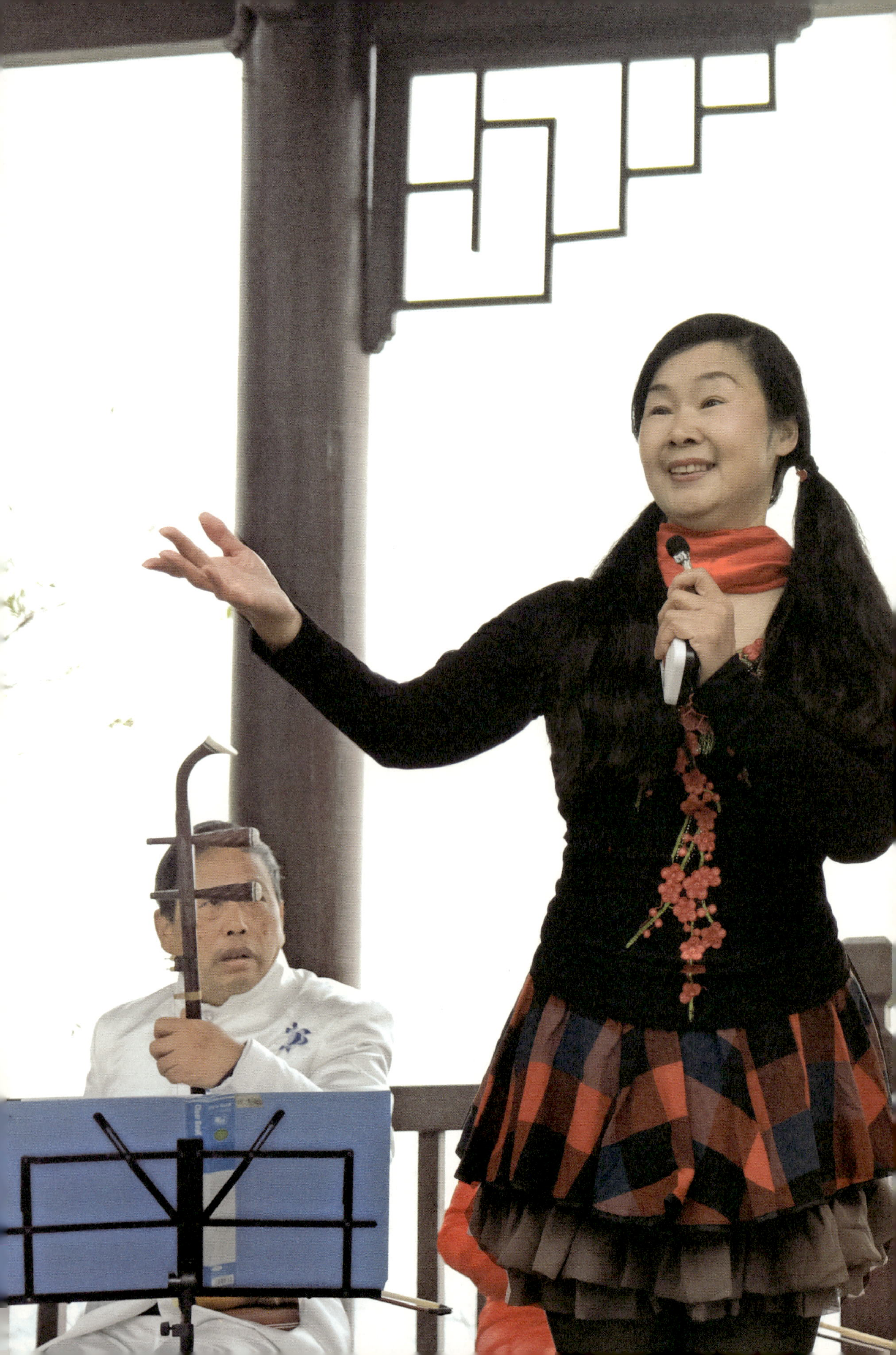

玖·说唱表演

本章包括口彩禁忌、俗语谚语、歌谣、曲艺戏剧、故事五个部分。这些充满浓郁地方特色和饱含乡情乡韵的方言现象主要通过口耳相传的方式流传下来，难以用图片来展示，我们用音标、文字的方式记录于此。

口彩即吉祥语，禁忌语是出于避讳而使用的委婉语。湘潭县民间在过年过节、婚丧嫁娶等场合较多使用口彩禁忌语，透过这些口彩禁忌语可以了解一方地域的风俗习惯。如湘潭方言中的子嗣口彩"带子哒"[tai⁴⁵tsŋ⁴²tə⁰]反映了当地的一个婚俗，即结婚前男方送女方礼金，不用整数，要带尾数，如给10万元礼金，要带88元的尾数。尾数"88"既寓意"带子"，即带来子嗣，又谐音"发财"的"发"，十分吉利。

湘潭方言中俗语谚语丰富，本章搜集了部分常用的俗语谚语，有人人耳熟能详、朗朗上口的顺口溜，有总结农业生产经验、传授气候节令知识、蕴含生活哲理的谚语，还有幽默风趣的歇后语。

歌谣中有充满童趣的童谣，如："月亮粑粑，肚里坐个爹爹。"一听到这类童谣，定会勾起人们对童年生活的快乐回忆。

湘潭县较流行的地方戏是花鼓戏，本章收录了湖南花鼓戏经典名剧《刘海砍樵》中的选段，湖南花鼓戏中流传广泛的《采茶调》，以及新编湘潭花鼓小戏《文明创建蔡九哥》中的选段。这些选段可以从一个侧面反映花鼓戏在当地的传承和发展。

地方民间故事很少有老人能说出几个来，它们即将被人们遗忘。本章搜集了几个民间故事，生动有趣。这些宝贵的非物质文化遗产值得人们去好好挖掘并传承下去。

本章不收图片，体例上也与其他章不同。其中谚语俗语、歌谣、曲艺戏剧、故事几部分大致上按句分行，每句先写汉字，再标国际音标，如需注释就用小字加注在句末。每个故事在最后附普通话意译。

本章花鼓戏中的唱词部分没有标声调，念白部分标有声调。

一口彩禁忌

人兴财旺 [in¹³ɕin³³tsai¹³uŋ⁴⁵]

　　指家庭中的人员平安吉祥，子孙发达，大富大贵。这是一个口语中常用的吉祥口彩，中老年人多用，用于过年过节和喜庆场合，也用作平常见面的祝福语。

喜钱 [ɕi⁴²tsiĩ¹³]

　　多指办喜事时主人送给宾客或帮忙的人的红包。如结婚时男方送给女方送亲的亲朋的红包；生日宴上，主人给客人送的红包，给厨师送的红包；有些地方办白喜事，主家的回礼。

百岁钱 [pæ²⁴sei⁴⁵tsiĩ¹³]

　　小孩出生时长辈送给小孩的钱以及小孩满月"走月子"[tsəu⁴²yæ²⁴tsʅ⁰]（见图7-30）时长辈给小孩的钱。

开财门 [kʰai³³tsai¹³mən¹³]

　　正月初一凌晨吃完早饭后，开门放鞭炮，叫"开财门"。此时可以出行，一般会先去祖先坟上拜年，然后给亲戚们拜年。

抓钱爪 [tɕyɒ³³tsiĩ¹³tsau⁴²]

　　特指过年用来待客的鸡爪子。民间认为过年时的鸡爪子可以抓住财富，带来好运。

带子哒 [tai⁴⁵tsʅ⁴²tə⁰]

　　结婚前男方家送女方礼金，不用整数，要带尾数，如给10万元礼金，要带88元的尾数，这个尾数叫"带子哒"。尾数"88"寓意"带子"，即带来子嗣，又谐音"发财"的"发"，十分吉利。

倒哒肉山 [tau⁴²tə⁰iəu²⁴sã³³]

　　婉指老人过世，也说"过咖哒"[ku⁴⁵kə⁰tə⁰]。"肉山"代人的身体，"哒""咖"是表完成的助词。

打金井眼 [ta⁴²kin³³tsiuŋ⁰ŋã⁴²]

　　婉指挖墓穴。

出喜事 [tɕʰy²⁴ɕi⁴²sʅ²¹]

　　婉指小孩出麻疹。

猫乳 [mau³³y¹³]

　　腐乳。湘潭方言"腐"与"虎"同音，都说 [fu⁴²]。"虎"是凶猛动物，人们忌讳说"虎"或与"虎"同音的"腐"，因此管"腐乳"叫"猫乳"。选"猫"是因为猫与虎形似。再如"斧"与"虎"同音，湘潭方言就管"斧头"叫"开山子"[kʰai³³sã³³tsʅ⁰]。

老虫 [lau⁴²tʂən¹³]

　　老虎。

富菜 [fu⁴⁵tsʰai⁴⁵]

　　婉指芹菜。湘潭方言中"芹"[tɕin¹³]与"穷"[tɕin¹³]同音，人们避忌贫穷，祈求富裕，忌说"穷"和与"穷"同音的"芹"，代之以"富"。

吃细茶 [tɕʰiɒ²⁴si⁴⁵tsɒ¹³]

　　吃中药。人们忌讳生病吃药，忌讳说"药"，管中药叫"茶"，喝中药叫"吃细茶"。"吃细茶"与一般的"吃茶"相区别。

来好路径 [lai¹³xau⁴²ləu²¹kin⁴⁵]

　　婉指妇女来月经。"路径"在湘潭方言中指"事情"，所以"来好路径"也说"来好事"[lai¹³xau⁴²sʅ²¹]。

吃肉 [tɕʰiɒ²⁴iəu²⁴]

　　办丧事出殡的前一天摆丧宴，所有参加丧礼的亲朋好友都来吃饭，席中最重要的一道菜是"坨子肉"[to¹³tsʅ⁰iəu²⁴]，因此这餐饭叫"吃肉"或"吃坨子肉"[tɕʰiɒ²⁴to¹³tsʅ⁰iəu²⁴]。因"吃肉"一词专指在丧宴上吃饭，所以平常禁忌说"吃肉"，而说"吃喜菜"[tɕʰiɒ²⁴ɕi⁴²tsʰai⁴⁵]。

二 俗语谚语

一脶穷，二脶富，[i²⁴lo¹³tɕin¹³，e²¹lo²¹fu⁴⁵] 脶：螺旋形指纹

三脶四脶开当铺，[sã³³lo¹³sʅ⁴⁵lo¹³kʰai³³tuŋ⁴⁵pʰu⁴⁵]

五脶六脶挑屎卖，[u⁴²lo¹³ləu²⁴lo¹³tʰiau³³sʅ⁴²mai⁴²]

七脶八脶过江西，[tsʰi²⁴lo¹³pɒ²⁴lo¹³ko⁴⁵tɕiuŋ³³si³³]

九脶十脶是烧鸡，[kiəu⁴²lo¹³sʅ⁴⁵lo¹³sʅ⁴⁵sau³³ki³³]

买田过江西。[mai⁴²tiĩ¹³ko⁴⁵tɕiuŋ³³si³³]

　　顺口溜。民间认为"脶"的多少跟人的命运有关。

龙牌酱油灯芯糕，[lən¹³pai¹³tsiuŋ⁴⁵iəu¹³tən³³sin³³kau³³]

坨坨妹子随你挑。[to¹³to⁴⁵mei²¹tsʅ⁰sei¹³li⁴²tʰiau³³] 坨坨妹子：较矮较胖的姑娘

　　顺口溜。龙牌酱油和灯芯糕是湘潭的特产，但说湘潭"坨坨妹子"则多是调侃。

二月清明不在前，[e²¹yæ²⁴tsʰin³³min¹³pu²⁴tsai²¹tsiĩ¹³]

三月清明不在后。[sã³³yæ²⁴tsʰin³³min¹³pu²⁴tsai²¹xəu²¹]

　　如果清明在农历二月，谷种就要在清明之后下种；如果清明在农历三月，谷种就要在清明之前下种。

六月六日阴，[ləu²⁴yæ²⁴ləu²⁴i²⁴in³³]

牛草贵如金。[ȵiəu¹³tsʰau⁴²kuei⁴⁵y¹³kin³³]

　　湘潭民间认为农历六月六这一天的天气很重要：这天天气晴好，全年就风调雨顺，庄稼丰收，收割后用来喂牛的稻草就多；这天是阴雨天，全年会气候不好，影响收成，喂牛的稻草就因少而变得金贵。

立夏滴一滴，[li²⁴ɕiɒ²¹tiɒ²⁴i⁰tiɒ²⁴]

蓑衣斗笠高挂壁。[so³³i³³tie⁴²li²⁴kau³³kuɒ⁴⁵piɒ²⁴]

　　立夏如果下雨，则整个夏天都会无雨，用不上蓑衣和斗笠。

月光生毛，大雨滔滔。[yæ²⁴kuŋ³³suŋ³³mau¹³, tai²¹y⁴²tʰau³³tʰau³³]

    月亮周围出现晕环，就预示着大雨即将到来。

交秋脱伏，鬼还晒得哭。[tɕiau³³tsʰiəu³³tʰo²⁴fu²⁴, kuei⁴²xai¹³sai⁴⁵te²⁴kʰu²⁴]

    立秋出伏后一段时间，太阳仍然很毒，很晒人。

星子稀，晒死鸡；[siã³³tsɿ⁰ɕi³³, sai⁴⁵sɿ⁴²ki³³]
星子密，戴斗笠。[siã³³tsɿ⁰mi²⁴, tai⁴⁵təu⁴²li²⁴]

    星星稀疏将会是大晴天，星星稠密将会下雨。

清明断雪，谷雨断霜。[tsʰin³³min¹³tõ²¹sie²⁴, ku²⁴y⁴²tõ²¹suŋ³³]

    清明、谷雨节气的到来意味着雨雪霜冻天气基本结束，气温回升加快。

吃不穷，用不穷，[tɕʰiɒ²⁴pu²⁴kin¹³, in²¹pu²⁴kin¹³]
不会划算一世穷。[pu²⁴fei²¹fɒ¹³sø⁴⁵i²⁴ʂɿ⁴⁵kin¹³] 划算：计划

    吃得再多穿得再多都不会导致贫穷，如果不会计划那一辈子都会贫穷。

冬吃萝卜夏吃姜，[tən³³tɕʰiɒ¹³lo¹³pu⁴⁵ɕiɒ²¹tɕʰiɒ²⁴kiuŋ³³]
不用郎中开药方。[pu²⁴in²¹luŋ¹³tʂən³³kʰai³³io²⁴xuŋ³³]

    冬天多吃萝卜，夏天多吃姜，就不会生病。

亲戚不探家务事，[tsʰin³³tsʰi²⁴pu²⁴tʰã⁴⁵kiɒ³³u²⁴sɿ⁴⁵]
隔壁不管两公婆。[kæ²⁴pi²⁴pu²⁴kõ⁴²liã⁴²kən³³po¹³] 两公婆：夫妻俩

    亲戚管不了家务琐事，隔壁邻居管不了夫妻之间的矛盾。

好狗不咬鸡，好汉不打妻。[xau⁴²kie⁴²pu²⁴ŋɒ⁴⁵ki³³, xau⁴²xã⁴⁵pu²⁴tɒ⁴²tsʰi³³]

    好丈夫是不会随便打妻子的，就像好狗不会咬鸡一样。

爷娘疼晚崽，[iɒ¹³ȵiuŋ¹³tʰən⁴⁵mã⁴²tsai⁴²] 爷娘：父母；晚崽：最小的儿子。"晚"读[m]声母，保留了古音
公公娭毑疼长孙。[kən³³kən⁰ŋai³³tɕi⁰tʰən⁴⁵tɕiuŋ⁴²sən³³] 公公娭毑：爷爷奶奶

    爸爸妈妈疼爱最小的儿子，爷爷奶奶疼爱最大的孙子。

人要真心，火要空心。[iŋ¹³iau⁴⁵tʂən³³sin³³, xo⁴²iau⁴⁵kʰən³³sin³³]
　　人与人之间要真心相待，就像烧柴火要把柴架空火才烧得旺。

爷亲叔大，娘亲舅大。[iɒ¹³tsʰin³³ʂou²⁴tai²¹, ȵiuŋ¹³tsʰin³³tɕiəu²¹tai²¹] 爷：父亲
　　父亲再亲，叔叔伯伯是父亲的兄弟，同样要尊敬；母亲再亲，舅舅是母亲的兄弟，同样也要尊敬，不得有丝毫怠慢。

远亲不如近邻，[õ⁴²tsʰin³³pu²⁴y¹³tɕin²¹lin¹³]
近邻不如知心人。[tɕin²¹lin¹³pu²⁴y¹³tsɿ³³sin³³in¹³]
　　亲戚如果隔得远，不如近邻好；近邻不如关系密切的知心人好。

天上落雨地下流，[tʰiĩ³³suŋ⁰lo²⁴y⁴²ti⁴⁵ɕiɒ⁴⁵liəu¹³]
夫妻吵架不记仇。[fu³³tsʰi³³tsʰau⁴²kiɒ⁴⁵pu²⁴ki⁴⁵tʂou¹³]
　　夫妻之间吵架不要记仇，仇恨就像天上雨水，一落到地上马上就会流走。

细人子不讲假话，[si⁴⁵in¹³tsɿ⁰pu²⁴tɕiuŋ⁴²tɕiɒ⁴²fɒ²¹] 细人子：小孩子
茄子不开虚花。[kyæ¹³tsɿ⁰pu²⁴kʰai¹³ɕy³³fɒ⁰]
　　小孩子不会讲假话，就像茄子不会开虚花一样。

草鞋冇样，边打边像。[tsʰau⁴²xai¹³mau²¹iuŋ²¹, piĩ³³tɒ⁴²piĩ³³tsiuŋ²¹] 冇：没有
　　编草鞋没有固定的鞋样，一边编一边按照脚的样子定宽窄就会编出像样的草鞋。

少吃咸鱼免口干。[ʂau⁴²tɕʰi²⁴xã¹³y¹³miĩ⁴²kʰie⁴²kõ³³]
　　喻指少管他人闲事，可免去麻烦。

不怕人家捧场，[pu²⁴pʰɒ⁴⁵in¹³tɕiɒ³³pʰən⁴²tʂuŋ¹³]
就怕自己拐场。[tsiəu²¹pʰɒ⁴⁵tsɿ²¹tɕi⁰kuai⁴²tʂuŋ¹³] 拐场：出差错
　　别人的阿谀奉承不可怕，可怕的是自己做错事情。

师公子比法，病人子吃亏。[sʅ³³kən³³tsʅ⁰pi⁴²fɒ²⁴, pin²¹in¹³tsʅ⁰tɕiɒ²⁴kʰuei³³] 师公子：巫师

    指几个本来与这件事没多大关系的人充内行，观点又不一致，相互较劲，结果倒让当事人吃亏。

三月三，地菜子煮鸡蛋。[sã³³yæ²⁴sã³³, ti²¹tsʰai⁴⁵tsʅ⁰ky⁴²ki³³tã²¹]

    农历三月三湘潭民间有吃荠菜煮鸡蛋的习俗。"地菜子"即荠菜，民间认为吃了与荠菜同煮的鸡蛋可以祛风湿、清火，还可预防春季的一些流行性疾病。

千补万补，不如饭补。[tsʰiĩ³³pu⁴²uã²¹pu⁴², pu²⁴y¹³fã²¹pu⁴²]

    米饭比什么补品都好。

千层纱，万层纱，[tsʰiĩ³³tsən¹³sɒ³³, uã⁴⁵tsən¹³sɒ³³]

难当四两烂棉花。[lã¹³tuŋ⁴⁵sʅ⁴⁵liuŋ⁴²lã²¹miĩ¹³fɒ³³]

    单衣穿得再多也不如一件棉衣暖和。

大人子生日一餐饭，[tai²¹in¹³tsʅ⁰sən³³i²⁴i²⁴tsʰã³³fã²¹]

细伢子生日一个蛋。[si⁴⁵ŋɒ¹³tsʅ⁰sən³³i²⁴i²⁴ko⁴⁵tã²¹] 细伢子：小孩子

    大人过生日吃一顿饭，小孩子过生日吃一个鸡蛋。

三十夜里打草鞋——假忙子忙。[sã³³sʅ⁴⁵iɒ¹³li⁰tɒ⁴²tsʰau⁴²xai¹³—tɕiɒ⁴²muŋ¹³tsʅ⁰muŋ¹³]

    比喻假装忙碌。

王木匠钉猪楼——撬口不开。[uŋ¹³mo²⁴tsiuŋ⁰tiã⁴⁵ky³³lie¹³—tɕiau²¹kʰəu⁴²pu²⁴kʰai³³]

    当地建猪圈忌木匠说话。

豆腐掉到灰里头——吹不得，打不得。[təu²¹fu⁰tiau⁴⁵tau⁴⁵fei³³li⁴²təu¹³—tɕʰye³³pu²⁴tæ²⁴, tɒ⁴²pu²⁴tæ²⁴]

    比喻太娇弱。

娭毑死得楼上——下不得地。[ŋai³³tɕi⁰sʅ⁴²tæ⁰lie¹³ɕiuŋ²¹—ɕiɒ²¹pu²⁴tæ²⁴ti²¹] 娭毑：老奶奶

    比喻事态很严重。

壁上挂团鱼——四脚无靠。[piɒ²⁴ɕiuŋ²¹kuɒ⁴⁵tõ¹³y¹³—sʅ⁴⁵kio²⁴u¹³kʰau⁴⁵] 团鱼：鳖。也叫甲鱼
  比喻没有依靠。

驼子作揖——起手不难。[to¹³tsʅ⁰tso²⁴i²⁴—kʰi⁴²ʂəu⁴²pu²⁴lã¹³]
  比喻没有难度，很容易。

瞎子打堂客——松不得手。[xɒ²⁴tsʅ⁰tɒ⁴²tuŋ¹³kʰæ²⁴—sən³³pu²⁴tæ²⁴ʂəu⁴²] 堂客：妻子
  指某件事非常棘手，要一直盯着，一刻都不能放松。

半天云里吹喇叭——喇哩喇哩。[põ⁴⁵tʰiĩ³³yn¹³li⁴²tɕʰy³³lɒ⁴²pɒ⁰—lɒ⁴²li⁰lɒ⁴²li⁰] 喇哩喇哩：谐"哪里哪里"
  "喇哩喇哩"谐"哪里哪里"，是"什么地方"的意思。

三 歌谣

哎哟，扁担打哒我的脚；[ai³³io²⁴, pii̯⁴²tã⁴⁵tɒ⁴²tə⁰ŋo⁴²ti⁰tɕio²⁴] 哒：了

什么药，膏药；[ʂən²¹mo⁰io²⁴, kau³³io²⁴]

什么膏，鸡蛋糕；[ʂən²¹mo⁰kau³³, ki³³tã²¹kau³³]

什么鸡，野鸡；[ʂən²¹mo⁰ki³³, iɒ⁴²ki³³]

什么野，该铳打；[ʂən²¹mo⁰iɒ⁴², kai³³tʂʰən⁴⁵tɒ⁴²] 该铳打：应该用铳打（野鸡）

什么秤，拐棍；[ʂən²¹mo⁰tʂʰən⁴⁵, kuai⁴²kuən⁴⁵]

什么拐，麻拐；[ʂən²¹mo⁰kuai⁴², mɒ¹³kuai⁴²] 麻拐：青蛙

什么麻，葛麻；[ʂən²¹mo⁰mɒ¹³, ko²⁴mɒ¹³]

什么角，牛角；[ʂən²¹mo⁰ko²⁴; ȵiəu¹³ko²⁴]

什么牛，牯牛。[ʂən²¹mo⁰ȵiəu¹³; ku⁴²ȵiəu¹³]

　　接龙童谣。

月亮粑粑，肚里坐个爹爹。[yæ²⁴liuŋ⁴⁵pɒ³³pɒ⁰, təu²¹li⁰tso²¹ko⁴⁵tiɒ³³tiɒ⁰] 月亮粑粑：月亮像饼类食物一样，圆圆的。

　　肚里：里头。爹爹：爷爷

爹爹出来买菜，肚里坐个奶奶。[tiɒ³³tiɒ⁰tɕʰy²⁴lai¹³mai⁴²tsʰai⁴⁵, təu²¹li⁰tso²¹ko⁴⁵lai⁴²lai⁴⁵]

奶奶出来绣花，绣只糍粑。[lai⁴²lai⁴⁵tɕʰy²⁴lai¹³siəu⁴⁵fɒ³³, siəu⁴⁵tsʅ²⁴tsʅ¹³pɒ³³]

糍粑跌得井里，变只蛤蟆。[tsʅ¹³pɒ³³tie²⁴te⁰tsiã⁴²li⁰, pii̯⁴⁵tʂɒ²⁴xɒ¹³mɒ⁰]

蛤蟆爬上树，变只斑鸠。[xɒ¹³mɒ⁰pɒ¹³ɕiuŋ⁴⁵ɕy²¹, pii̯⁴⁵tʂɒ²⁴pã³³tɕy²¹]

斑鸠子咕咕咕，和尚打豆腐。[pã³³tɕy²¹tsʅ⁰ku⁴⁵ku⁴⁵ku³³, xo¹³ɕiuŋ⁰tɒ⁴²təu²¹fu⁰]

豆腐一㧅渣，和尚吃粑粑。[təu²¹fu⁰i²⁴pei³³tsɒ³³, xo¹³ɕiuŋ⁰tɕʰiɒ²⁴pɒ³³pɒ⁰] 㧅：一小堆，一小捧

粑粑一㧅壳，和尚吃菱角。[pɒ³³pɒ⁰i²⁴pei³³kʰo²⁴, xo¹³ɕiuŋ⁰tɕʰiɒ²⁴lin¹³ko²⁴]

菱角溜溜尖，和尚上了天。[lin¹³ko²⁴liəu⁴⁵liəu⁰tsiĩ³³, xo¹³ɕiuŋ⁰ɕiuŋ²¹lə⁰tʰiĩ³³]

天上四个字，和尚犯了事。[tʰiĩ³³ɕiuŋ²¹sʅ⁴⁵ko⁴⁵tsʅ²¹, xo¹³ɕiuŋ⁰fã⁴⁵lə⁰sʅ²¹]

事又犯得恶，抓倒和尚砍脑壳。[sŋ²¹iəu²¹fã²¹te²¹ŋo²⁴, tɕyʌ³³tau⁰xo¹³ɕiuŋkʰã⁴²lau⁴²kʰo²⁴] 抓倒：抓住。脑壳：头

  接龙童谣。

驼子驼，织皮箩，[to¹³tsŋ⁰to¹³, tʂʅ²⁴pi¹³lo¹³] 驼子：驼背的人

皮箩难破篾，驼子学打铁；[pi¹³lo¹³lã¹³pʰo⁴⁵mie²⁴, to¹³tsŋ⁰ɕio²⁴tɒtʰie²⁴]

打铁又怕□，驼子学打啵；[tɒ⁴²tʰie²⁴iəu²¹pʰɒ⁴⁵o⁴⁵, to¹³tsŋ⁰ɕio²⁴tɒpo⁴⁵] □[o⁴⁵]：烫。打啵：亲嘴

打啵又怕丑，驼子学担土；[tɒ⁴²po⁴⁵iəu²¹pʰɒ⁴⁵tʂʰəu⁴², to¹³tsŋ⁰ɕio²⁴tã³³tʰəu⁴²]

担土又担不起，驼子学讨米；[tã³³tʰəu⁴²iəu²¹tã³³pu²⁴tɕʰi⁴², to¹³tsŋ⁰ɕio²⁴tʰau⁴²mi⁴²]

打米又冇带钱，驼子讨卵嫌。[tɒ⁴²mi⁴²iəu²¹mau²¹tai⁴⁵tsiĩ¹³, to¹³tsŋ⁰tʰau⁴²lõ⁴²ɕiĩ¹³] 冇：没。

讨卵嫌：很讨嫌

  接龙童谣。

轿咕轿，叽咕叽。[tɕiau²¹ku⁰tɕiau²¹, tɕi⁴⁵ku⁰tɕi⁴⁵] 咕、叽：拟声词，模拟抬轿子的声音

大码头，唱人戏。[tai²¹mɒ⁴²tie¹³, tɕʰiuŋ⁴⁵in¹³ɕi⁴⁵]

唱的什么戏？[tɕʰiuŋ⁴⁵ti⁰sən²¹mo⁰ɕi⁴⁵]

唱的花鼓戏。[tɕʰiuŋ⁴⁵ti⁰fɒ³³ku⁴²ɕi⁴⁵]

  童谣。

吊吊手，街上走，[tiau²¹tiau²¹ʂəu⁴², kai³³ɕiuŋ²¹tsəu⁴²] 吊吊手：手下垂并摆动

张槟榔，佮朋友。[tɕiuŋ³³pin³³tuŋ¹³, kie²⁴pən¹³iəu⁴²] 张：送。佮：结交

  童谣。

卷哎卷子一，卷哎卷子二，[tɕyõ⁴²e⁰tɕyõ⁴²tsŋ⁰i²⁴, tɕyõ⁴²e⁰tɕyõ⁴²tsŋe²¹] 卷子：指两手绕圈玩游戏

卷哎卷子三，卷哎卷子四，[tɕyõ⁴²e⁰tɕyõ⁴²tsŋ⁰sã³³, tɕyõ⁴²e⁰tɕyõ⁴²tsŋ⁰sŋ⁴⁵]

卷哎卷子五，上山打老虎。[tɕyõ⁴²e⁰tɕyõ⁴²tsŋ⁰u⁴², ɕiuŋ²¹sã³³tɒ⁴²lau⁴²fu⁴²]

  童谣。小朋友玩游戏时唱。

牵羊卖羊，一卖卖到荷叶塘。[kʰiĩ³³iuŋ¹³mai⁴²iuŋ¹³, i²⁴mai⁴²mai⁴²tau⁴⁵xo¹³ie⁴⁵tuŋ¹³]

老板呀，买羊嘛？[lau⁴²pã⁴²iɒ⁰, mai⁴²iuŋ¹³pæ⁰] 嘛：吗

"买头羊。""头羊冇得角。"[mai⁴²təu¹³iuŋ¹³。təu¹³iuŋ¹³mau²¹tie²⁴ko²⁴] 冇得：没有

"买二羊。""二羊冇得脚。"[mai⁴²e²¹iuŋ¹³。e²¹iuŋ¹³mau²¹tie²⁴tɕio²⁴]

"买三羊。""三羊四羊随你捉。"[mai⁴²sã³³iuŋ¹³。sã³³iuŋ¹³sʅ⁴⁵iuŋ¹³sei¹³li⁴²tso²⁴]

    童谣。

矮子矮，钓麻拐，[ŋai⁴²tsʅ⁰ŋai⁴²，tiau⁴⁵mɒ¹³kuai⁴²] 麻拐：青蛙

红线穿，白线□。[xən¹³siĩ⁴⁵tɕʰyõ³³，pæ²⁴siĩ⁴⁵pʰai⁴²] □[pʰai⁴²]：扛肩上

    童谣。

摇呀摇，[iau¹³iɒ⁴⁵iau¹³]

摇得晚伢子长身高，[iau¹³te²⁴mã⁴²ŋɒ¹³tsʅ⁰tʂuŋ⁴²ʂən³³kau³³] 晚伢子：最小的孩子

捡柴烧；[tɕiĩ⁴²tsai¹³ʂau³³]

一天捡一捆，[i²⁴tʰiĩ³³tɕiĩ⁴²i²⁴kʰuən⁴²]

十天捡一交⁼；[ʂʅ⁴⁵tʰiĩ³³tɕiĩ⁴²i²⁴tɕiau³³] 一交⁼：一堆

又有卖，又有烧，[iəu²¹iəu⁴²mai⁴²，iəu²¹iəu⁴²ʂau³³]

又有银子装荷包。[iəu²¹iəu⁴²n̠in¹³tsʅ⁰tsuŋ³³xo¹³pau³³]

    童谣。

四 曲艺戏剧

《刘海砍樵》选段

（女：）海哥哥，[xai⁴²ko³³ko⁰]

你平日上山砍樵，[li⁴²pin¹³ẓ̩²⁴suŋ²¹sã³³kʰã⁴²tɕiau¹³]

可有人随伴吗？[kʰo⁴²iəu⁴²zən¹³sei¹³puŋ⁴⁵mã⁰]

（男：）孤孤单单，一根扦担。[ku³³ku³³tã³³tã³³，i²⁴kən³³tsʰiẽ³³tã⁴⁵] 扦担：两头尖的挑柴工具

（女：）那现在呢？[la⁴⁵ɕiẽ⁴⁵tsai⁴⁵le⁰]

（男：）现在嘛，我和大姐快快活活，[ɕiẽ⁴⁵tsai⁴⁵ma⁰，ŋo⁴²xo¹³ta⁴⁵tsie⁴²kʰuai⁴⁵kʰuai⁴⁵xo²⁴xo²⁴]

成对成双嘞。[tʂən¹³tei⁴⁵tʂən¹³suŋ³³le⁰] 嘞：呀

（女：）刘海哥，我和你配成一对，[liəu¹³xai⁴²ko³³，ŋo⁴²xo¹³li⁴²pʰei⁴⁵tsən¹³i²⁴tei⁴⁵]

也还相配吧？[ia⁴²xai¹³siã³³pʰei⁴⁵pa⁰]

（男：）嘿嘿嘿嘿，那就是天生的一对！[xə⁰xə⁰xə⁰xə⁰，la⁴⁵tsiəu²¹sʅ²¹tʰiẽ³³sən³³ti⁰i²⁴tei⁴⁵]

（女：）海哥哥，我将你好有一比呀。[xai⁴²ko³³ko³³，ŋo⁴²tɕiã⁴⁵li⁴²xau⁴²iəu⁴²i²⁴pi⁴²ia⁰]

（男：）好比何来呢？[xau⁴²pi⁴²xo¹³lai¹³le⁰]

（女：）要哥请听。[iau⁴⁵ko³³tɕʰin⁴²tʰin⁴⁵]

我这边将海哥好有一比呀！[ŋo tse piē tɕiã xai ko xau iəu i pi ia]

（男：）胡大姐，[fu ta tsie]

（女：）哎！[ai]

（男：）我的妻。[ŋo ti tsʰi]

（女：）啊。[a]

（男：）你把我比作什么人啰？[li pa ŋo pi tso ʂən mo zən lo] 啰：呀

（女：）我把你比牛郎，不差毫分哪。[ŋo pa li pi ȵiəu lã，pu tsʰa xau fən la]

（男：）那我就比不上啰。[la ŋo tsiəu pi pu sã lo]

（女：）你比他还有多啰。[li pi tʰa xai iəu to lo]

（男：）胡大姐你是我的妻啰。[fu ta tsie li sʅ ŋo ti tsʰi lo]

（女：）刘海哥你是我的夫哪。[liəu xai ko li sʅ ŋo ti fu la]

（男：）胡大姐你随着我来走啰。[fu ta tsie li sei tɕio ŋo lai tsəu lo]

（女：）海哥哥你带路往前行啰。[xai ko ko li tai ləu uã tɕiẽ ɕin lo]

（男：）走啰。[tsəu lo]

（女：）行啰。[ɕin lo]

（男：）走啰。[tsəu lo]

（女：）行啰。[ɕin lo]

（合：）得哎得哎得哎嗨哎嗨哎嗨哎嗨哎嗨哎嗨哎。[te ai te ai te ai xai ai xai ai xai ai xai ai xai ai xai ai]

  这是2016年元宵节在湘潭县白石广场演出的湖南花鼓戏经典名剧《刘海砍樵》中的一个最有特色的选段，用湘潭方言演唱。花鼓戏是流行于湖南、湖北、安徽等地的地方戏，由民间歌舞花鼓发展而成。湖南花鼓戏流传很广，影响很大。代表剧目有《刘海砍樵》《打铜锣》《补锅》等，花鼓戏小调中《采茶调》《瓜子红》等广为流传。

  《刘海砍樵》的故事情节是：以砍柴为生的樵夫刘海住在武陵丝瓜井，家有双目失明的老母亲，生活非常贫困，靠着忠厚和勤劳，他不仅支撑起家里的生活，还赢得了狐仙的爱慕。狐狸幻化的少女胡秀英爱慕刘海。刘海上山砍柴，秀英暗中相帮。刘海卖柴回家，路遇秀英，互道姓名及家境后，秀英向刘海吐露爱慕之情。但是憨厚朴实的刘海怕连累胡秀英受苦，几番推辞，后见胡秀英一片真心才答应与胡秀英成亲。于是，以柳树为媒，山作证，在山林中结为夫妻，双双归家。后来二人又经历了一系列的磨难，最后合力战胜了邪恶，过上了幸福的生活。胡秀英与刘海的这一段对唱活泼欢快，是《刘海砍樵》中最富特色的选段之一，一直传唱不衰。

《文明创建蔡九哥》选段

（女：）我就从箇穿过算哒啰。[ŋo⁴²tɕiəu²¹tsən¹³ko²⁴tɕʰyẽ³³ko⁴⁵sõ⁴⁵ta⁰lo⁰] 箇：这。哒：了。啰：吧

你就放哒我箇一码啰。[li⁴²tɕiəu²¹fã⁴⁵ta⁰ŋo⁴²ko²⁴i²⁴ma⁴²lo⁰] 放哒我箇一码：饶了我

来来来，帮个忙。[lai¹³lai¹³lai¹³, põ³³ko⁴⁵mã¹³]

喋，蔡九哥，吃烟。[tie²⁴, tsʰai⁴⁵tɕiəu⁴²ko³³, tɕʰia²⁴iẽ³³] 喋：叹词，给人东西时的招呼语

（男：）不吃！[pu²⁴tɕʰia²⁴]

（女：）嘿嘿，那就改日请你到我餐馆里头去吃饭，[xə⁰xə⁴⁵, la⁴⁵tɕiəu²¹kai⁴²zʅ²⁴tɕʰin⁴²li⁴²təu⁴⁵ŋo⁴² tsʰã³³kõ⁴²li⁴²təu¹³kʰə⁴⁵tɕʰia²⁴fã²¹]

林十娘土鸡，我店里的招牌菜。[lin¹³ʂʅ²⁴n̡ia¹³tʰəu⁴²tɕi³³, ŋo⁴²tiẽ⁴⁵li⁰ti⁰tsau³³pai¹³tsʰai⁴⁵]

（男：）不吃！[pu²⁴tɕʰia²⁴]

（女：）啊呀，蔡九哥哎！[a²⁴ia³³, tsʰai⁴⁵tɕiəu⁴²ko³³ai⁴⁵]

蔡九哥你莫装样，[tsʰai tɕiəu ko li mo tɕyẽ iã]

你从来肯帮别人的忙，[li tsən lai kʰən põ pie zən ti mã]

上比屋里的高大婶，[sã pi u li ti kau ta sən]

下比湾里的李大娘，[ɕia pi uã li ti li ta n̡iã]

见人夸来，人人比啊，[tɕiẽ zən kʰua lai zən zən pi a]

都讲你最好打商量呀呵嘿。[təu tɕiã li tsei xau ta sã liã ia xo xei]

依哟依，依子呀依哟，[i io i, i tsʅ ia i io]

都讲你最好打商量，呀呵嘿。拜拜。[təu tɕiã li tsei xau ta sã liã, ia xo xei。pai⁴⁵pai⁴⁵]

（男：）欸，等哒！我不准你乱闯马路，[ei²⁴, tən⁴²tə⁰！ ŋo⁴²pu²⁴tɕyn⁴²li⁴²lõ²¹tɕʰyẽ⁴²ma⁴²ləu²¹]

是为你的安全着想，[sʅ²¹uei¹³li⁴²ti⁰ã³³tɕyẽ¹³tso²⁴ɕiã⁴²]

箇就是帮哒你的忙。[ko²⁴tɕiəu²¹sʅ²¹pã³³tə⁰li⁴²ti⁰mã¹³]

（女：）蔡九癫子！[tsʰai⁴⁵tɕiəu⁴²tiẽ³³tsʅ⁰]

（男：）林十美女！[lin¹³ʂʅ²⁴mei⁴²y⁴²]

（女：）你今天不是箇拖倒我，[li⁴²tɕin³³tʰiẽ³³pu²⁴sʅ²¹ko²⁴tʰo³³tau⁰ŋo⁴²] 箇：这么，这样。倒：着

二三十份快餐我下送咖哒啊！[ə²¹sã³³sʅ²⁴fən²¹kʰuai⁴⁵tsʰã³³ŋo²¹xa²¹sən⁴⁵ka⁰ta⁰a⁰] 下：都。咖：完

（男：）嘿嘿，你要是规规矩矩走斑马线的话，[xə⁰xə⁰, li⁴²iau⁴⁵sʅ²¹kuei³³kuei⁰tɕy⁴²tɕy⁰tsəu⁴²pã³³ ma⁴²ɕiẽ⁴⁵ti⁰fa²¹]

那二三十份快餐你早就送完哒。[la⁴⁵ə²¹sã³³sʅ²⁴fən⁴⁵kʰuai²¹tsʰã³³li⁴²tsau⁴²tɕiəu²¹sən⁴⁵õ¹³ta⁰]

我连不得拖你。[ŋo⁴²liẽ¹³pu²⁴tə²⁴tʰo³³li⁴²] 连：根本

（女：）蔡九癫子！[tsʰai⁴⁵tɕiəu⁴²tiẽ³³tsʅ⁰]

你不要敬酒不吃吃谷酒！[li⁴²pu²⁴iau⁴⁵tɕin⁴⁵tɕiəu⁴²pu²⁴tɕʰia²⁴tɕʰia²⁴ku²⁴tɕiəu⁴²]

（男：）敬酒谷酒我下不吃！[tɕin⁴⁵tɕiəu⁴²ku²⁴tɕiəu⁴²ŋo⁴²xa²¹pu²⁴tɕʰia²⁴]

我只喜欢吃石坝的米酒！[ŋo⁴²tsʅ²⁴ɕi⁴²xõ³³tɕʰia²⁴sa⁴⁵pa⁴⁵ti⁰mi⁴²tɕiəu⁴²] 石坝：湘潭县地名

（女：）啊呀！我今天何解箇倒霉！[a³³ia²⁴！ŋo⁴²tɕin³³tʰiẽ³³o¹³kai⁴²ko²⁴tau⁴²mei³³] 何解：怎么

碰到你箇只背时鬼啦！[pʰən⁴⁵tau⁰li⁰kai²⁴tsa²⁴pei²¹sʅ¹³kuei⁴²la⁰] 只：个。背时鬼：倒霉的人

蓝瘦，香菇！[lã¹³səu⁴⁵，ɕiã³³ku³³] 蓝瘦：谐"难受"。香菇：谐"想哭"

蔡九癫子呃！[tsʰai⁴⁵tɕiəu⁴²tiẽ³³tsʅ⁰ei⁰]

老子今天就要打箇只路中间穿过去！[lau⁴²tsʅ⁰tɕin³³tʰiẽ³³tɕiəu⁴²iau⁴⁵ta⁰ko²⁴tsa²⁴ləu²¹tsən³³kã³³tɕʰyẽ³³ko⁴⁵kʰə⁴⁵]

（男：）那我今天就要治服下你箇只厉害堂客们看！[la⁴⁵ŋo⁴²tɕin³³tʰiẽ³³tɕiəu²¹iau⁴⁵tsʅ⁴⁵fu²⁴xa²¹li⁴²kai²⁴tsa²⁴li⁴⁵xai²⁴tõ¹³kʰə²⁴mən⁰kʰã⁴⁵] 堂客们：妇女

（音乐）

（女：）哎，蔡九癫子哎，[ai³³，tsʰai⁴⁵tɕiəu⁴²tiẽ³³tsʅ⁰ai⁰]

你，你要动手啦啊？[li⁴²，li⁴²iau⁴⁵tən²¹ʂəu⁴²la⁰a⁰]

（男：）我，我请你走斑马线。[ŋo⁴²，ŋo⁴²tɕʰin⁴²li⁴²tsəu⁴²pã³³ma⁴²ɕiẽ⁴⁵]

（女：）哎！蔡九癫子，你莫扯唉，[ai！tsʰai tɕiəu tiẽ tsʅ，li mo tɕʰya ai]

旁人看哒像什么啊，[põ zən kʰã ta ɕiã ʂən mo a]

你若再不让我走唉，[li io tsai pu zã ŋo tsəu ai]

我就告你，非礼！[ŋo tɕiəu kau li，fei li]

（男：）你告我我也要请你走斑马线！[li⁴²kau⁴⁵ŋo⁴²ŋo⁴²ie⁴⁵iau⁴⁵tɕʰin⁴²li⁴²tsəu⁴²pã³³ma⁴²ɕiẽ⁴⁵]

（女：）来人啦！抓流氓啊！[lai¹³zən¹³la⁰！tɕya³³liəu¹³mõ¹³a⁰]

蔡九癫子非礼妇女啊！[tsʰai⁴⁵tɕiəu⁴²tiẽ³³tsʅ⁰fei¹²li⁴²fu⁴⁵n̩y⁴²a⁰]

（男：）你，你喊啰，你喊喋，[li⁴²，li⁴²xã⁴²lo⁰，li⁴²xã⁴²tie²⁴] 啰：呀。喋：吧

箇里箇多的证人，[ko²⁴li⁰ko²⁴to³³ti⁰tʂən⁴⁵zən¹³]

你们讲，我非礼倒她冇唵？[li⁴²mən¹³tɕiã⁴²，ŋo⁴²fei³³li⁴²tau⁰tʰa³³mau²¹ã⁰] 倒：了。冇：没。唵：呀

喋，你再往箇只头顶上看，[tie²⁴，li⁴²tsai⁴⁵uã⁴²kai²⁴tsa²⁴təu¹³tin⁴²sã²¹kʰã⁴⁵] 喋：招呼语

箇是么子？监控！[ko²⁴sʅ²¹mo⁴²tsʅ？tɕiẽ³³kʰuŋ⁴⁵] 么子：什么

拍得清清楚楚！你喊啰！[pʰə²⁴tə⁴²tɕʰin³³tɕʰin⁰tsʰəu⁴⁵tsʰəu⁰！li⁴²xã⁴²lo⁰]

（女：）我的个爷呃！祖宗啦！[ŋo⁴²ti⁰ko⁴⁵ia¹³ei⁰！tsəu⁴²tsən³³la⁰]

你到底要何是搞吧！[li⁴²tau⁴⁵ti⁴²iau⁴⁵o¹³sʅ⁴⁵kau⁴²pa⁰] 何是：怎么

（男：）你乱闯马路，不听劝阻，[li⁴²lõ²¹tɕʰyẽ⁴²ma⁴²ləu²¹，pu²⁴tʰin⁴⁵tɕʰyẽ⁴⁵tsəu⁴²]

而且是态度恶劣，根据规定，[ə¹³tɕʰie⁴²sʅ²¹tʰai⁴⁵təu⁴⁵o²⁴lie²¹，kən³³tɕy⁴⁵kuei³³tin⁴⁵]

罚你当两个小时的交通劝导员！[fa²⁴li⁴²tõ³³liã⁴²ko⁴⁵ɕiau⁴²sʅ¹³ti⁰tɕiau³³tʰən³³tɕʰyẽ⁴⁵tau⁴²yẽ¹³]

（女：）要我在路边上站两个小时？[iau⁴⁵ŋo⁴²tsai²¹ləu²¹piẽ³³sõ²¹tsã⁴²liã⁴²ko⁴⁵ɕiau⁴²sʅ¹³]

我还有几十份的快餐要送嘞！[ŋo²¹xai¹³iəu⁴²tɕi⁴²sʅ²⁴fən²¹ti⁰kʰuai⁴⁵tsʰã³³iau⁴⁵sən⁴⁵le⁰]

我不做生意哒？[ŋo⁴²pu²⁴tsəu⁴⁵sən³³i⁴⁵ta⁰]

（男：）你做生意也要守原则，守交通！[li⁴²tsəu⁴⁵sən³³i⁴⁵ie⁴²iau⁴⁵səu⁴²yẽ¹³tsə²⁴, səu⁴²tɕiau³³tʰən³³]

  这是2017年元宵节在湘潭县白石广场演出的新编湘潭花鼓戏《文明创建蔡九哥》中的选段，用湘潭方言演唱。湖南花鼓戏根据流行地区的不同分为长沙花鼓戏、邵阳花鼓戏、衡州花鼓戏等流派，长沙花鼓戏是湖南花鼓戏的代表，流行于湖南长沙、湘潭、益阳等地，因此湘潭花鼓戏是长沙花鼓戏的地域分支。新编花鼓戏对传统花鼓戏进行改编，往往沿用传统花鼓戏中的角色，融入反映时代特色的新内容。《文明创建蔡九哥》中的两位主角沿用了湖南传统花鼓戏代表作《打铜锣》中的两位主角蔡九哥与林十娘，反映了新时代的内容。

  花鼓戏《文明创建蔡九哥》的故事情节是：当年打铜锣的蔡九哥，在新时代当上了县城交通安全文明劝导员。爱占便宜的林十娘，如今也是县城快餐店的老板，天天忙着给顾客送盒饭。两人在十字路口相遇了。只图自己方便，乱穿马路不走斑马线的林十娘，被蔡九哥拦住，两人展开了一场劝导与不听劝导的较量。后来，一辆摩托急驰而来，为保护林十娘，蔡九哥被撞倒在地。在蔡九哥言行的感化下，林十娘认识到了自己的错误，遵守县城文明创建的相关规定，自愿承担半天的文明劝导工作。

采茶调

（女：）乔大哥哥呃！[tɕiau¹³ta⁴⁵ko³³ko⁰ei³³]

（男：）欸！[ei³³]

（女：）我们来唱个词调要吗？[ŋo⁴²mən¹³lai¹³tsʰõ⁴⁵ko⁴⁵tsʅ¹³tiau⁴⁵iau⁴⁵ma⁰] 词调：这里指《采茶调》

（男：）唱词调？[tsʰõ⁴⁵tsʅ¹³tiau⁴⁵]

（女：）欸！[ei³³]

（男：）真的？[tsən³³ti⁰]

（女：）欸，何大哥！[ei³³, xo¹³ta⁴⁵ko³³] 演唱者"男"姓何

（男：）唱！[tsʰõ⁴⁵]

（女：）唱！[tsʰõ⁴⁵]

（男：）唱！[tsʰõ⁴⁵]

（女：）打锵哟！[ta tɕʰiã io]

（女：）正月采茶是新啰年，[tsən ye tsʰai tsa ʂɿ ɕin lo n̠iē]

（男：）姐妹双双进茶园，[tɕie mei sõ sõ tɕin tsa yē]

（女：）十指尖尖把茶采耶，[ʂɿ tʂɿ tɕiē tɕiē pa tsa tsʰai ie] 耶：呀

（男：）采得细茶转家哟园，[tsʰai te ɕi tsa tɕyē tɕia io yē]

（女：）把是把茶采耶，[pa ʂɿ pa tsa tsʰai ie]

（男：）转是转家园，[tɕyē ʂɿ tɕyē tɕia yē]

（女：）乔大哥哥依呀，[tɕiau ta ko ko i ia]

（男：）荷花大姐呀，[xo fa ta tɕie ia]

（女：）采茶。[tsʰai tsa]

（男：）辛苦。[ɕin kʰu]

（合：）吃呃吃茶甜啦。[tɕʰi ei tɕʰi tsa tiē la]

（女：）二月采茶是春啰分，[e ye tsʰai tsa ʂɿ tɕʰyn lo fən]

（男：）姐在房中绣手巾，[tɕie tsai fõ tsən ɕiəu ʂəu tɕin]

（女：）两边绣的是茶花朵呃，[liã piē ɕiəu ti ʂɿ tsa fa to ei]

（男：）中间又绣又绣采茶人。[tsuŋ tɕiē iəu ɕiəu iəu ɕiəu tsʰai tsa zən]

（女：）茶是茶花朵呃，[tsa ʂɿ tsa fa to ei]

（男：）采是采茶人。[tsʰai ʂɿ tsʰai tsa zən]

（女：）采茶。[tsʰai tsa]

（男：）辛苦。[ɕin kʰu]

（合：）手呃手巧灵啦。[ʂəu ei ʂəu tɕʰiau lin la]

（女：）三月采茶三月哟三，[sã ye tsʰai tsa sã ye io sã]

（男：）昭君娘娘过北番，[tsau tɕyn n̠iã n̠iã ko pə fã]

（女：）怀抱琵琶三弦子呃，[fai pau pi pa sã ɕiē tsɿ ei]

（男：）轻轻弹过雁门啰关。[tɕʰin tɕʰin tã ko iē mən lo kuã]

（女：）三是三弦子呃，[sã ʂɿ sã ɕiẽ tsɿ ei]

（男：）雁是雁门关，[iẽ ʂɿ iẽ mən kuã]

（女：）乔大哥哥你呃，[tɕiau ta ko ko li ei]

（男：）荷花大嫂啊，[xo fa ta sau a]

（合：）两泪汪汪望呃望家乡啦。[liã lei uã uã uã ei uã tɕia ɕiã la]

（女：）四月采茶难又难，[sɿ ye tsʰai tsa lã iəu lã]

（男：）姐在园中扯早秧，[tɕie tsai yẽ tsən tsʰe tsau iã]

（女：）扯得秧来茶又冇摘，[tsʰe te iã lai tsa iəu mau tsa] 冇：没

（男：）采得茶来秧又黄。[tsʰai te tsa lai iã iəu xuã]

（女：）茶是茶又老呃，[tsa ʂɿ tsa iəu lau ei]

（男：）秧是秧又黄。[iã ʂɿ iã iəu xuã]

（女：）采茶。[tsʰai tsa]

（男：）姑娘。[ku ȵiã]

（合：）两呃两头忙啦。[liã ei liã təu mã la]

（女：）五月采茶是端阳，[u ye tsʰai tsa ʂɿ tõ iã]

（男：）龙舟下水汨罗江，[lən tsou ɕia ʂuei mi lo tɕiã]

（女：）两边坐的是划船手呃，[liã piẽ tso ti ʂɿ fa tɕyẽ ʂou ei]

（男：）中间又坐打鼓哟郎。[tsən tɕiẽ iəu tso ta ku io lã]

（女：）划是划船手呃，[fa ʂɿ fa tɕyẽ ʂou ei]

（男：）打是打鼓郎，[ta ʂɿ ta ku lã]

（女：）乔大哥哥耶，[tɕiau ta ko ko ie]

（男：）荷花大姐呀，[xo fa ta tɕie ia]

（合：）悼念屈原在汨呃汨罗江啊。[tau ȵiẽ tɕʰy yẽ tsai mi ei mi lo tɕiã a]

  这是2016年元宵节在湘潭县白石广场演出的湖南花鼓戏《采茶调》，男女对唱，用湘潭方言演绎一月至五月的采茶场景。

五 故事

牛郎织女 [ɲiəu¹³luŋ¹³tʂʅ²⁴ny⁴²]

古时候，[ku⁴²ʂʅ¹³xəu⁴⁵]

小伙子嘞，父母死得早。[siau⁴²xo⁴²tsʅ⁰le⁰, fu⁴⁵mo⁴²sʅ⁴²tie⁰tsau⁴²] 嘞：呀；有时用作衬音字

屋里很穷，[u²⁴li⁰xə⁴²kin¹³]

只留下哒一只老牛和个牛棚给他。[tʂʅ²⁴liəu¹³ɕiɒ²¹tə⁰i²⁴tʂɒ²⁴lau⁴²ɲiəu¹³xo¹³ko⁰ɲiəu¹³pən¹³kei⁴²tʰɒ³³] 哒：了

他嘞，老牛耕田为生，[tʰɒ³³le⁰, lau⁴²ɲiəu¹³kən³³tiẽ¹³uei¹³sən³³]

同老牛嘞，睡在箇只牛棚里。[tən¹³lau⁴²ɲiəu¹³le⁰, ɕye⁴⁵tsai²⁴kai²⁴tʂɒ²⁴ɲiəu¹³pən¹³li⁴²] 箇只：这个

当地人们嘞，就叫他"牛郎"。[tuŋ³³ti⁴⁵in¹³mən¹³le⁰, tsiəu²¹tɕiau⁴⁵tʰɒ³³ɲiəu¹³luŋ¹³]

一过过了几年，[i²⁴ko⁴⁵ko⁴⁵lə⁰tɕi⁴²niĩ¹³]

小伙子一年年大咖哒。[siau⁴²xo⁴²tsʅ⁰i²⁴niĩ¹³niĩ¹³tai²¹kə⁰tə⁰] 咖哒：了

老牛嘞，就去跟牛郎说：[lau⁴²ɲiəu¹³le⁰, tsiəu²¹tɕʰi⁴⁵kən³³ɲiəu¹³luŋ¹³ɕye²⁴]

"牛郎，你年纪大了，[ɲiəu¹³luŋ¹³, li⁴²niĩ¹³tɕi³³tai²¹lə⁰]

应该要成亲。"[in⁴⁵kai³³iau⁴⁵tʂən¹³tsʰin³³]

牛郎嘞，听老牛说话嘞，[ɲiəu¹³luŋ¹³le⁰, tʰin⁴⁵lau⁴²ɲiəu¹³ɕye²⁴fɒ²¹le⁰]

他讲哎："我屋里箇贫穷，[tʰɒ³³kuŋ⁴²ã⁰: ŋo⁴²u²⁴li⁰ko²⁴pin¹³tɕin¹³] 哎：呀；有时用作衬音字。箇：这样

哪个妹子会要我嘞？"[lɒ⁴²ko⁴⁵mei¹³tsʅ⁰fei²¹iau⁴⁵ŋo⁴²le⁰]

老牛说嘞："明天哎清早，[lau⁴²ɲiəu¹³ɕye²⁴le⁰, min¹³tʰiĩ³³ã⁰tsʰin³³tsau⁴²]

织女嘞同天上的仙女会下凡来，[tʂʅ²⁴ny⁴²le⁰tən¹³tʰiĩ³³ɕiuŋ²¹ti⁰siĩ³³ny⁴²fei²¹ɕiɒ¹³fã¹³lai¹³]

到湖边来洗澡，[tau⁴⁵fu¹³piĩ¹³lai¹³si⁴²tsau⁴²] 洗澡：游泳

那个穿粉红色的裙子就是叫织女，[lɒ⁴⁵ko⁴⁵tɕʰyõ³³fən⁴²xən¹³sæ²⁴ti⁰kyn¹³tsʅ⁰tsiəu²¹ʂʅ²¹tɕiau⁴⁵tʂʅ²⁴ny⁴²]

就是你的堂客。"[tsiəu²¹ʂʅ²¹li⁴²ti⁰tuŋ¹³kʰæ²⁴] 堂客：妻子

嗯，牛郎听了老牛说的，[n²¹, ɲiəu¹³luŋ¹³tʰiã⁴⁵lə⁰lau⁴²ɲiəu¹³ɕye²⁴ti⁰]

清早嘞就爬起来嘞，[tsʰin³³tsau⁴²le⁰tsiəu²¹pɒ¹³kʰi⁴²lai¹³le⁰]

就按老牛吩咐的去做。[tsiəu²¹ã⁴⁵lau⁴²ɲiəu¹³fən³³fu⁴⁵ti⁰tɕʰi⁴⁵tsəu⁴⁵]

他一走到个湖边上哎，[tʰɒ³³i²⁴tsəu⁴²tau⁴⁵kə⁰fu¹³piĩ³³ɕiuŋ²¹ã⁰]

就爬上那个大树，槐树底下，[tsiəu²¹pɒ¹³ɕiuŋ⁴⁵lɒ²⁴ko⁰tɒ⁴⁵ɕy²¹, fai¹³ɕy²¹ti⁴²xa²¹]

就等候。[tsiəu²¹tən⁴²xəu⁴⁵]

忽然哎，一阵冷风哎，[fu²⁴iĩ¹³ã⁰, i²⁴tən⁴⁵lən⁴²fən³³ã⁰]

一朵乌云降下来，[i²⁴to⁴²u³³yn¹³tɕiuŋ⁴⁵ɕiɒ²¹lai¹³]

天宫里的仙女嘞就下凡哒。[tʰiĩ³³kən³³li⁴²ti⁰siĩ³³ȵy⁴²le⁰tsiəu²¹ɕiɒ²¹fã¹³tə⁰]

箇些仙女嘞就游得正开心的时候嘞，[ko²⁴sie³³siĩ³³ȵy⁴²le⁰tsiəu²¹iəu¹³te⁰tʂən⁴⁵kʰai³³sin³³ti⁰ʂʅ¹³xəu²¹le⁰] 箇：这

牛郎趁箇只机会嘞，从树上溜下来，[ɲiəu¹³luŋ¹³tʂʰən⁴⁵ko²⁴tʂɒ²⁴tɕi³³fei⁴⁵le⁰, tsən¹³ɕy²¹ɕiuŋ²¹liəu³³xɒ²¹lai⁰] 只：个

就把红裙子衣服嘞就拿倒对屋里跑。[tsiəu²¹pɒ⁴²xən¹³kyn¹³tsʅ⁰ti³³fu⁴²le⁰ tsiəu²¹lɒ¹³tau⁰tei⁴⁵u²⁴li⁴²pʰau⁴²]

倒：着。对：往

天快亮哒，[tʰiĩ³³kʰuai⁴⁵liuŋ⁴⁵tə⁰]

仙女就要准备洗完上天哒，[siĩ³³ȵy⁴²tsiəu²¹iau⁴⁵tɕyn⁴²pei⁴⁵si⁴²ø̃¹³ɕiuŋ²¹tʰiĩ³³tə⁰]

都上来哒。[təu³³ɕiuŋ²¹lai¹³tə⁰]

箇些仙女就把衣服一穿，[ko²⁴sie³³siĩ³³ȵy⁴²tsiəu²¹pɒ⁴²i³³fu²⁴i²⁴tɕʰyõ³³]

就准备上天。[tsiəu²¹tɕyn⁴²pei⁴⁵ɕiuŋ²¹tʰiĩ³³]

好，织女的衣服冇看见哒。[xau⁴², tʂʅ²⁴ȵy⁴²ti⁰i³³fu²⁴mau²¹kʰã⁴⁵tɕiĩ⁴⁵tə⁰] 冇：没

她就急咖哒，[tʰɒ³³tsiəu²¹ki²⁴kə⁰tə⁰]

在处找冇找得到。[tsai²¹tɕʰy⁴⁵tsau⁴²mau⁴²tsau²¹te⁰tau⁴⁵] 在处：到处

背后她掐指一算哎，[pei⁴⁵xəu²¹tʰɒ³³kʰɒ³³tʂʅ⁴²i²⁴sõ̃⁴⁵ã⁰] 背后：后来

箇是牛郎拿去哒。[ko²⁴ʂʅ²¹ɲiəu¹³luŋ¹³lɒ³³kʰə⁴⁵tə⁰]

箇子嘞，[ko²⁴tsʅ⁰le⁰] 箇子：于是

她就跑到牛郎屋里喊门：[tʰɒ³³tsiəu²¹pʰau⁴²tau⁴⁵ɲiəu¹³luŋ¹³u²⁴li¹³xã⁴²mən¹³]

"牛郎你拿倒我的衣服。"[ȵiəu¹³luŋ¹³li⁴²lɒ¹³tau²ŋo⁴²ti⁰i³³fu⁴⁵] 倒：了

牛郎就说："织女你是我的堂客,[ȵiəu¹³luŋ¹³tsiəu²¹ɕye²⁴：tʂʅ²⁴ȵy⁴²li⁴²sʅ²¹ŋo⁴²ti⁰tuŋ¹³kʰæ²⁴]

衣服嘞我拿哒。"[i³³fu²⁴le⁰ŋo⁴²lɒ¹³tə⁰]

织女讲："箇是哪个告诉你的？"[tʂʅ²⁴ȵy⁴²kuŋ⁴²：ko²⁴sʅ²¹lɒ¹³ko⁴⁵kau⁴⁵sʅ⁴⁵li⁴²ti⁰] 哪个：谁

"老牛告诉我的。"[lau⁴²ȵiəu¹³kau⁴⁵sʅ⁴⁵ŋo⁴²ti⁰]

织女一看老牛,[tʂʅ²⁴ȵy⁴²i²⁴kʰã⁴⁵lau⁴²ȵiəu¹³]

原来老牛是天上的金牛星。[yõ¹³lai¹³lau⁴²ȵiəu¹³sʅ²¹tʰiĩ³³ɕiuŋ²¹ti⁰tɕin³³ȵiəu¹³sin³³]

老牛就说啰：[lau⁴²ȵiəu¹³tsiəu²¹ɕye²⁴lo⁰] 啰：呀

"你同牛郎唵成婚配是好的,[li⁴²tən¹³ȵiəu¹³luŋ¹³ã⁰tʂən¹³fən³³mei⁴⁵sʅ²¹xau⁴²ti⁰]

又善良,又勤劳。"[iəu²¹ʂõ⁴⁵liuŋ¹³, iəu²¹kin¹³lau¹³]

织女嘞就依从哒嘞箇回婚事。[tʂʅ²⁴ȵy⁴²le⁰tsiəu²¹i³³tsən¹³tə⁰le⁰ko²⁴fei¹³fən³³sʅ²¹]

一过过了三四年唵,养了一男一女,[i²⁴ko⁴⁵ko⁴⁵lə⁰sã³³sʅ⁴⁵ȵiĩ¹³ã⁰, iuŋ⁴²lə⁰i²⁴lã¹³i²⁴ȵy⁴²]

家庭过得好幸福。[tɕiɒ³³tin¹³ko⁴⁵te⁰xau⁴²ɕin⁴⁵fu²⁴]

箇只事被天上的王母娘娘发觉哒,[ko²⁴tʂɒ²⁴sʅ²¹pei²¹tʰiĩ³³ɕiuŋ²¹ti⁰uŋ¹³mo⁴²ȵiuŋ¹³ȵiuŋ¹³fɒ²⁴tɕʰio²⁴tə⁰]

只：件

织女与凡人结婚。[tʂʅ²⁴ȵy⁴²y⁴²fã¹³in¹³tɕie²⁴fən³³]

王母娘娘就派哒天兵天将,[uŋ¹³mo⁴²ȵiuŋ¹³ȵiuŋ¹³tsiəu²¹pʰai⁴⁵tə⁰tʰiĩ³³pin¹³tʰiĩ³³tsiuŋ⁴⁵]

下来就把仙女就接起回去。[ɕiɒ²¹lai⁰tsiəu²¹pɒ⁴²siĩ³³ȵy⁴²tsiəu²¹tsie²⁴tɕʰi⁴²fei¹³kʰə⁴⁵]

那一天唵,雷公暴雨,闪电雷鸣,[lɒ²⁴i²⁴tʰiĩ³³ã⁰, lei¹³kən³³pau²¹y⁴², ʂõ⁴²tiĩ⁴⁵lei¹³min¹³]

天上天兵天将嘞就把织女叫上天哒。[tʰiĩ³³ɕiuŋ²¹tʰiĩ³³pin³³tʰiĩ³³tsiuŋ⁴⁵le⁰tsiəu²¹pɒ⁴²tʂʅ²⁴ȵy⁴²tɕiau⁴⁵ɕiuŋ²¹

tʰiĩ³³tə⁰]

箇两个小孩子就哭作一坨,[ko²⁴liuŋ⁴²ko⁴⁵siau⁴²xai¹³tsʅ⁰tsiəu²¹kʰu²⁴tso⁴⁵i²⁴to¹³] 坨：团

要妈妈。[iau⁴⁵mɒ³³mɒ⁰]

正巧嘞箇时嘞,牛郎回哒,[tʂən⁴⁵tɕʰiau⁴²le⁰ko⁴⁵sʅ¹³le⁰, ȵiəu¹³luŋ¹³fei¹³tə⁰]

就问细伢唧箇回事。[tsiəu²¹uən²¹si⁴⁵ŋɒ¹³tsi⁰ko²⁴fei¹³sʅ²¹] 细伢唧：小孩子

"妈妈就上天去哒。"[mɒ³³mɒ⁰tsiəu²¹ɕiuŋ²¹tʰiĩ³³kʰə⁴⁵tə⁰]

牛郎嘞也急咖哒。[ȵiəu¹³luŋ¹³le⁰iɒ⁴²ki²⁴kə⁰tə⁰]

老牛就说："牛郎你不要急，[lau⁴²ɲiəu¹³tsiəu²¹ɕye²⁴：ɲiəu¹³luŋ¹³li⁴²pu²⁴iau⁴⁵ki²⁴]

我把我头上的角取咖下来，[ŋo⁴²pɒ⁴²ŋo⁴²təu¹³ɕiuŋ²¹ti⁰ko²⁴tsʰi²⁴kə⁰ɕiɒ⁴⁵lai¹³] 咖：了

化变两个箩筐，[fɒ⁴⁵piĩ⁴⁵liuŋ¹³ko⁴⁵lo¹³tɕʰiuŋ³³]

你把两个细伢唧嘞装到箩筐里，[li⁴²pɒ⁴²liuŋ⁴²ko⁴⁵si⁴⁵ŋo¹³tsi⁰le⁰tsuŋ³³tau⁴⁵lo¹³tɕʰiuŋ³³li⁰]

把扁担担哒，我吹你上天。"[pɒ⁴²piĩ⁴²tã⁴⁵tã³³tə⁰，ŋo⁴²tɕʰye³³li⁴²ɕiuŋ²¹tʰiĩ³³] 把：用。担哒：挑了

果然俺，[ko⁴²iĩ¹³ã⁰]

老牛就把牛角剔咖下来哒啰，[lau⁴²ɲiəu¹³tsiəu²¹pɒ⁴²ɲiəu¹³ko²⁴tʰi⁴²kə⁰xɒ¹³lai¹³tə⁰lo⁰]

就变成两个箩筐，[tsiəu²¹piĩ⁴⁵tʂən¹³liuŋ⁴²ko⁴⁵lo¹³tɕʰiuŋ³³]

就把两个箩筐装好俺，就担哒。[tsiəu²¹pa⁴²liuŋ⁴²ko⁴⁵lo¹³tɕʰiuŋ³³tsuŋ³³xau⁴²ã⁰，tsiəu²¹tã³³tə⁰]

老牛就一吹气，[lau⁴²ɲiəu¹³tsiəu²¹i²⁴tɕʰye³³tɕʰi⁴⁵]

就把他吹到天上，[tsiəu²¹pa⁴²tʰɒ³³tɕʰye³³tau⁴⁵tʰiĩ³³ɕiuŋ²¹]

飞快地就追上织女哒。[fei³³kʰuai⁴⁵ti⁰tsiəu²¹tɕye³³ɕiuŋ²¹tʂʅ²⁴n̩y⁴²tə⁰]

碰到那王母娘娘发现哒，[pʰən⁴⁵tau⁰lɒ⁴⁵uŋ¹³mo⁴²ɲiuŋ¹³ɲiuŋ¹³fɒ²⁴ɕiĩ⁴⁵tə⁰]

扯倒脑壳上一根金簪子，[tʂʰyɒ⁴²tə⁰lau⁴²kʰo²⁴ɕiuŋ²¹i²⁴kən³³tɕin³³tsã²¹tsʅ⁰]

对牛郎织女面前一划，[tei⁴⁵ɲiəu¹³luŋ¹³tʂʅ²⁴n̩y⁴²miĩ⁴⁵tsiĩ¹³i²⁴fɒ²¹]

就划一条银河，又宽又长。[tsiəu²¹fɒ²¹i²⁴tiau¹³ɲin¹³xo¹³，iəu²¹kʰə̃³³iəu²¹tʂuŋ¹³]

牛郎同织女就隔条河，[ɲiəu¹³luŋ¹³tən¹³tʂʅ²⁴n̩y⁴²tsiəu²¹kæ²⁴tiau¹³xo¹³]

再不能追不上哒。[tsai⁴⁵pu²⁴lən¹³tɕye³³pu²⁴ɕiuŋ²¹tə⁰]

箇回事嘞被喜鹊子嘞看见哩箇桩事嘞，[ko²⁴fei¹³sʅ²¹le⁰pei²¹ɕi⁴⁵tsʰio²⁴tsʅ⁰le⁰kʰã⁴⁵tɕiĩ⁴⁵li⁰ko²⁴tsuŋ³³sʅ²¹le⁰]

王母娘娘做得箇恶，[uŋ¹³mo⁴²ɲiuŋ¹³ɲiuŋ¹³tsəu⁴⁵te⁰ko²⁴o²⁴] 箇恶：（做了）这么恶的事

牛郎织女一对恩爱夫妻又不能相会，[ɲiəu¹³luŋ¹³tʂʅ²⁴n̩y⁴²i²⁴tei⁴⁵ən³³ai⁴⁵fu³³tsʰi³³iəu²¹pu²⁴lən¹³siã³³fei⁴⁵]

喜鹊子嘞每年农历七月七日嘞，[ɕi⁴²tsʰio²⁴tsʅ⁰le⁰mei⁴²ɲiĩ¹³lən¹³li²⁴tsʰi²⁴yæ²⁴tsʰi²⁴i²⁴le⁰]

就上天嘞搭鹊桥，[tsiəu²¹ɕiuŋ²¹tʰiĩ³³le⁰tɒ²⁴tsʰio²⁴tɕiau¹³]

等牛郎织女相会。[tən⁴²ɲiəu¹³luŋ¹³tʂʅ²⁴n̩y⁴²siã³³fei²¹] 等：让

牛郎织女

古时候，有个小伙子，父母死得早。家里很穷，只给他留下一头老牛和一间牛棚。他以老牛耕田为生，同老牛睡在牛棚里，当地人叫他"牛郎"。

过了几年，小伙子长大了。老牛跟牛郎说："牛郎，你年纪大了，该成亲了。"牛郎见老牛说话了，他就说："我家里这么穷，哪个姑娘会跟着我呢？"老牛说："明天清早，天上的仙女会下凡来，到湖边来游泳，有一个穿粉红色裙子的仙女叫织女，将会是你的老婆。"

牛郎听了老牛的话，清早就爬起来，按老牛的吩咐去做。他一走到湖边，就爬上一棵大槐树等着。忽然，一阵冷风吹来，一朵乌云降下来，天宫里的仙女下凡了。仙女们游得正开心的时候，牛郎趁机从树上溜下来，拿着红裙子往家中跑。

天快亮了，仙女们准备上天了，都上来了。仙女们穿好衣服，但织女的衣服不见了。她急了，到处找没找到。她掐指一算，知道是牛郎拿去了。于是，她就跑到牛郎屋子前喊门："牛郎你拿了我的衣服。"牛郎说："织女你是我的老婆，衣服是我拿了。"织女说："这是谁告诉你的？""老牛告诉我的。"织女一看老牛，原来老牛是天上的金牛星。老牛说："你与牛郎成婚是好事，他又善良，又勤劳。"织女就答应了这桩婚事。

过了三四年，他们有了一男一女，很幸福。这件事被天上的王母娘娘知道了，王母娘娘就派了天兵天将，下来要把织女接回去。那一天，电闪雷鸣，天兵天将把织女叫上天去了。两个小孩哭成一团，要妈妈。就在这时，牛郎回来了，问小孩怎么回事。"妈妈上天去了。"牛郎急了。

老牛说："牛郎你不要急，我把我头上的角取下来，变成两个箩筐，你把两个小孩装到箩筐里，用扁担挑着，我把你吹上天。"果然，老牛把牛角取下来，变成了两个箩筐。牛郎把两个箩筐装好，挑在肩上。老牛吹一口气，就把他吹到天上，飞快地追织女。不巧被王母娘娘发现了，她从头上拔下一根金簪子，在牛郎织女当中一划，划出一条银河，银河又宽又长。牛郎与织女隔了一条银河，再也追不上织女了。

喜鹊们看见了这件事，认为王母娘娘太恶毒，让牛郎织女一对恩爱夫妻不能相会，就每年农历七月初七飞上天搭成鹊桥让牛郎织女相会。

瞎子过桥 [xɒ²⁴tsʅ⁰ku⁴⁵tɕiau¹³]

从前嘞，一只瞎子嘞，[tsən¹³tsiī¹³le⁰，i²⁴tʂɒ⁰xɒ²⁴tsʅ⁰le⁰] 嘞：呀，有时用作衬音字。只：个

就要走亲戚屋里去，[tsiəu²¹iau⁴⁵tsəu⁴²tsʰin³³tsʰi⁴⁵u²⁴li⁰tɕʰie⁴⁵]

要经过箇条小河。[iau⁴⁵tɕin³³ko⁴⁵ko²⁴tiau¹³siau⁴²xo¹³] 箇：这

小河嘞，有个独木桥，[siau⁴²xo¹³le⁰，iəu⁴²ko⁰təu²⁴mo²⁴tɕiau¹³]

水又流得急，[ɕy⁴²iəu²¹liəu¹³te⁰ki²⁴]

那瞎子嘞就不敢过去，[lɒ⁴⁵xɒ²⁴tsʅ⁰le⁰tsiəu²¹pu²⁴kã⁴²ku⁴⁵tɕʰie⁴⁵]

就要光子牵倒过桥。[tsiəu²¹iau⁴⁵kuŋ³³tsʅ⁰tɕʰiĩ³³tau⁰ko⁴⁵tɕiau¹³] 光子：能看得见的人。倒：着

一等就等着，等咖半天唉，[i²⁴tən⁴²tsiəu²¹tən⁴²tɕio⁰, tən⁴²kə⁰põ⁴⁵tʰiĩ³³ã⁰] 咖：了。唉：呀

来哩一个人。[lai¹³li⁰i²⁴ko⁴⁵in¹³] 哩：了

他讲："师傅唉，请你牵我过桥去。"[tʰɒ³³kuŋ⁰：sʅ³³fuʰã⁰, tsʰiã⁴²li⁴²tɕʰiĩ³³ŋo⁴²ko⁴⁵tɕiau¹³kʰə⁴⁵]

那个师傅就是：[lɒ²⁴ko⁰sʅ³³fu⁰tsiəu²¹sʅ²¹]

"唉，我也还要人牵唉，[ã⁴⁵, ŋo⁴²iɒ⁴²xai¹³iau⁴⁵in¹³tɕʰiĩ³³ã⁰] 前一个"唉"是叹词：哎呀；后一个"唉"是语气词：呀

箇又哪里我帮人牵你唻？"[ko²⁴iəu²¹lɒ⁴²li⁰ŋo⁴²puŋ³³in¹³tɕʰiĩ³³li⁴²lai⁰] 唻：呢

好啰两个瞎子把讲一打，[xau⁴²lo⁰liuŋ⁴²ko⁰xɒ²⁴tsʅ⁰pɒ⁴²kuŋ⁴²i²⁴tɒ⁴²] 把讲一打：一交谈

你也是瞎子我也是瞎子，[li⁴²iɒ⁴²sʅ²¹xɒ²⁴tsʅ⁰ŋo⁴²iɒ⁴²sʅ²¹xɒ²⁴tsʅ⁰]

何里命就苦，[xo¹³li⁰miã²¹tsiəu²¹kʰu⁴²] 何里：怎么

又做不得事，还要人牵，[iəu²¹tsəu⁴⁵pu²⁴te⁰sʅ²¹, xai¹³iau⁴⁵in¹³tɕʰiĩ³³]

不如我两个人嘞寻短路死咖算哒。[pu²⁴y¹³ŋo⁴²liuŋ⁴²ko⁴⁵in¹³le⁰tsin¹³tõ⁴²ləu²¹sʅ⁴²kə⁰sø⁴⁵tə⁰] 哒：了

一讲唉，两个瞎子嘞就定下生死令。[i²⁴kuŋ⁴²ã⁰, liuŋ⁴²ko⁰xɒ²⁴tsʅ⁰le⁰tsiəu²¹tin²¹ɕiɒ²¹sən³³sʅ⁴²lin⁴⁵]

两个瞎子嘞，到桥上一摸，[liuŋ⁴²ko⁰xɒ²⁴tsʅ⁰le⁰, tau⁴⁵tɕiau¹³ɕiuŋ²¹i²⁴mo³³]

箇个瞎子嘞，看地上摸哩一坨石头矺，[ko²⁴ko⁰xɒ²⁴tsʅ⁰le⁰, kʰã⁴⁵ti²¹ɕiuŋ²¹mo³³li⁰i²⁴to¹³ɕyɒ⁴⁵tie¹³ku⁴⁵]

　　坨：块。石头矺：石头

摸着摸着，摸到桥中间，[mo³³tɕio²⁴mo³³tɕio²⁴, mo³³tau⁴⁵tɕiau¹³tʂən³³kã³³]

水就哗啦哗哩流得急啰。[ɕy⁴²tsiəu²¹fɒ³³lɒ³³fɒ³³li⁰liəu¹³te⁰tɕi²⁴lo⁰]

"伙计呃，我就架势跳哒啦。" [xo⁴²tɕi⁴⁵ei⁰, ŋo⁴²tsiəu²¹kɒ⁴⁵sʅ⁴⁵tʰiau⁴⁵tə⁰lə⁰] 架势：准备

箇只瞎子是把那石头矺对河里一丢，[ko²⁴tʂɒ²⁴xɒ²⁴tsʅ⁰sʅ²¹pɒ⁴²lɒ⁴⁵ɕyɒ⁴⁵tie¹³ku⁴⁵tei⁴⁵xo¹³li⁰i²⁴tiəu³³] 对：往

那只瞎子是以为是真正跳咖哒，[lɒ²⁴tʂɒ²⁴xɒ²⁴tsʅ⁰sʅ²¹i⁴²uei¹³sʅ²¹tʂən³³tʂən⁴⁵tʰiau⁴⁵kə⁰tə⁰] 咖哒：了

"伙计呃，[xo⁴²tɕi⁴⁵ei⁰]

我倒还救倒箇条命多摸几年咋。" [ŋo⁴²tau⁴⁵xai¹³tɕiəu⁴⁵tau⁰ko²⁴tiau¹³miã²¹to³³mo²⁴tɕi⁴²n̩iĩ¹³tʂɒ⁴⁵] 救倒：留着

箇只瞎子是心里一笑起：[ko²⁴tʂɒ²⁴xɒ²⁴tsʅ⁰sʅ²¹sin³³li⁰i²⁴siau⁴⁵tɕʰi⁰]

"伙计呃，我也冇跳嘞。" [xo⁴²tɕi⁴⁵ei⁰, ŋo⁴²iɒ⁴²mau²¹tʰiau⁴⁵le⁰] 冇：没

两只瞎子就下不想死，[liuŋ⁴²tʂɒ²⁴xɒ²⁴tsʅ⁰tsiəu²¹xɒ²¹pu²⁴siuŋ²¹sʅ⁴²] 下：都

瞎子不想过独木桥。[xɒ²⁴tsʅ⁰pu²⁴siuŋ⁴²ko⁴⁵təu²⁴mo²⁴tɕiau¹³]

瞎子过桥

从前，有一个瞎子，去走亲戚，要经过一条小河。小河上只有一座独木桥，水又流得急，瞎子不敢过桥，要等看得见的人牵着他过桥。

一等就等了半天才等来了一个人。他说："师傅，请你牵我过桥。"

那个师傅说："哎呀，我还要人牵啊，我这怎么牵你呢？"

两个瞎子一起交谈，你也是瞎子我也是瞎子，命真苦，又不能做事，还要人牵，不如我们两人寻短见死了算了。说完，两个瞎子就定下了生死令。

两个瞎子在桥上摸索，一个瞎子在地上摸到一块石头，摸着石头走到桥中间，水流得很急。"伙计啊，我准备跳了。"这个瞎子把石头往河里一丢，另一个瞎子以为他真的跳了，说："伙计啊，我倒是想留着这条命多摸几年啦。"这个瞎子笑了："伙计啊，我也没有跳啊。"

两个瞎子都不想死，只是不想过独木桥。

山歌子的故事 [sã³³ko³³tsʅ⁰ti⁰ku⁴⁵sʅ⁴⁵]

从前嘞，箇些农民嘞，[tsən¹³tsiĩ¹³le⁰, ko²⁴sie³³lən¹³min¹³le⁰] 嘞：呀，有时用作衬音字。箇：这

干农活嘞，就每小时，[kã⁴⁵lən¹³xo²⁴le⁰, tsiəu²¹mei⁴²siau⁴²sʅ¹³]

□牛的嘞跟□牛的一天冇得讲打，[ɲiĩ³³ɲiəu¹³ti⁰le⁰kən³³ɲiĩ³³ɲiəu¹³ti⁰i²⁴tʰiĩ³³mau²¹te⁰kuŋ⁴²tɒ⁴²] □牛 [ɲiĩ³³ɲiəu¹³]：看牛。冇得讲打：没有话说

常年嘞就撑禾棍，[tɕiuŋ¹³ɲiĩ¹³le⁰tsiəu²¹tsʰuŋ⁴⁵o¹³kuən⁴⁵] 撑禾棍：撑着耕田用的棍子不做事

事又做不动。[sʅ²¹iəu²¹tsəu⁴⁵pu²⁴tən²¹]

那天箇只员外在垄里走，[lɒ²⁴tʰiĩ³³ko²⁴tsɒ²⁴yõ¹³uai⁴⁵tsai¹³li⁴²tsie⁴²] 只：个。垄里：田埂

看见箇只农民嘞，[kʰã⁴⁵tɕiĩ⁴⁵ko²⁴tsɒ²⁴lən¹³min¹³le⁰]

确实好霉⁼狭⁼倒神啰。[kʰo²⁴sʅ²⁴xau⁴²mei³³ɕiɒ²⁴tau⁰sən¹³lo⁰] 霉⁼狭⁼倒神：无精打采

他想，我读箇一肚子书，[tʰɒ³³siuŋ⁴², ŋo⁴²tʰəu⁴⁵ko²⁴i²⁴təu⁴²tsʅ⁰ɕy³³]

我不写滴歌给那些农民去喊？[ŋo⁴²pu²⁴sip⁴²ti⁰ko³³kei⁴²lɒ²⁴sie³³lən¹³min¹³tɕʰie⁴⁵xã⁴²] 滴：些

他背后哎，今夜回去写一本歌，哎，[tʰɒ³³pei⁴⁵xəu²¹ã⁰, tɕin³³iɒ²¹fei¹³tɕʰie⁴⁵siŋ⁴²i²⁴pən⁴²ko³³, ã⁰] 背后：后来。

前一个"哎"是语气词：呀；后一个"哎"是叹词：嗯

交到箇只□牛的师傅：[tɕiau³³tau⁴⁵ko²⁴tsɒ²⁴ɲiĩ³³ɲiəu¹³ti⁰sʅ³³fu⁰]

"你嘞不是嘞同牛冇得讲打，[li⁴²le⁰pu²⁴sʅ²¹le⁰tən¹³n̠iəu¹³mau²¹te⁰kuŋ⁴²tɒ⁴²]

你同嘞每天你就拿倒歌本子嘞去喊山歌子。"[li⁴²tən¹³le⁰mei⁴²tʰiĩ³³li⁴²tsiəu²¹lɒ¹³tau⁰ko³³pən⁴²tsʅ⁰le⁰

tɕʰi⁴⁵xã⁴²sã³³ko³³tsʅ⁰] 倒：着。山歌子：山歌

背后哎，[pei⁴⁵xəu²¹ã⁰]

箇只□牛的嘞还读了几句书，[ko²⁴tsɒ²⁴n̠iĩ³³n̠iəu¹³ti⁰le⁰xai¹³tʰəu⁴⁵lə⁰tɕi⁴²tɕy⁴⁵ɕy³³]

嗓子又好，他一喊嘞，[suŋ⁴²tsʅ⁰iəu²¹xau⁴²，tʰɒ³³i²⁴xã⁴²le⁰]

喊了箇些细伢来学，学唱山歌子。[xã⁴²lə⁰ko²⁴sie³³si⁴⁵ŋa¹³lai¹³ɕio²⁴，ɕio²⁴tɕʰiuŋ⁴⁵sã³³ko³³tsʅ⁰] 细伢：小孩

箇山歌子背后喊到垄里，[ko²⁴sã³³ko³³tsʅ⁰pei⁴⁵xəu²¹xã⁴²tau⁴⁵lən¹³li⁰]

呵，喊哩人家，一路路，[xo⁴²，xã⁴²li⁴⁵in¹³kɒ³³,i²⁴ləu²¹ləu²¹] 哩：了。一路路：一队一队

箇子农民嘞做事就箇就有兴趣了。[ko²⁴tsʅ⁰lən¹³min¹³le⁰tsəu⁴⁵sʅ²¹tsiəu²¹ko²⁴tsiəu²¹iəu⁴²ɕin⁴⁵tsʰi⁴⁵lə⁰]

箇子：于是

欸，就不撑禾棍哒。[e¹³，tsiəu²¹pu²⁴tsʰuŋ⁴⁵o¹³kuən⁴⁵tɒ⁰]

山歌子是箇来的。[sã³³ko³³tsʅ⁰sʅ²¹ko²⁴lai¹³ti⁰] 箇：这样

山歌的故事

从前，当地的一些农民，干农活时，放牛的跟放牛的一天到晚没有话说，常常在地里撑着耕田用的棍子不做事。

有一天当地的一个员外在田埂中走，看见这些农民确实是很无精打采的样子。他想，我读了一肚子的书，为何不写一些山歌给那些农民唱呢。他回去写了一本山歌，交给放牛的师傅："你不是跟牛没有话说吗，可以每天拿着歌本子去唱山歌。"后来这个放牛的喊了一些小孩来学唱山歌。这山歌后来唱到田埂里，唱的人一群一群的，这样农民做事就有兴致了，就不撑着耕田用的棍子不做事了。

山歌就是这样产生的。

调查手记

我虽然不是湘潭人，但有湘潭的亲戚，对湘潭方言耳熟能详，能勉强用湘潭方言与湘潭人交流，对湘潭的民俗文化有一些了解。我曾参观过彭德怀的故居，它是湘潭县传统民居的代表，整个房子组成一个"凹"字形，像用"扦担"_{两头尖的挑柴工具}挑着两捆柴，因此叫"一担柴屋"。我还参观过韶山市毛泽东主席故居，湘潭县齐白石故居，这两处故居均属"一担柴"式结构。"一担柴"湘潭方言谐音"一担财"，有吉祥的含义。这些故居中陈列着大量老式用具，如彭德怀故居中陈列了各种老式雕花木床、印花被、太师椅、纺车、温坛，还有碓和碓屋，每一种物品都有一个对应的方言词语。我当时就对这种传统民居、用具及这些方言词语产生了浓厚的兴趣。这种传统民居及老式用具在别的地方已经见不到或很难见到了，如何才能把这些记录下来并保存下去呢？

2016年，我有幸承担了国家语保工程的课题，调查湘潭方言文化。湘潭是伟人故里，我终于有机会去那里做深入调查，把湘潭方言文化尤其是一些濒危方言文化现象记录并保存下来，真是太荣幸了！我的第一个调查地点就是彭德怀故居，这是我第二次去，拍摄了大量的房屋建筑照片及日常用具照片，并挑选了一部分进入本图册。当时那种得来全不费工夫的成就感让我兴奋不已。但接下来真正进入课题的全面调查阶段，要全方位调查和拍摄湘潭方言文化中的衣食住行、农工百艺、婚丧嫁娶、四时八节，才发现各种材料的获得非下苦功不可，遇到的困难超乎想象。

10-1 ◆ 带着孩子调查，拍摄做手工米粉

　　一些静态的材料诸如房屋建筑、日常用具等自然得靠自己勤问勤跑，搜索各种信息，走村入户去发掘、去淘宝；但一些动态的材料诸如农事活动、婚丧嫁娶活动以及节日活动等，往往就不是自己能主宰的了。记得 2016 年得知元宵节湘潭县白石广场会举办"湘潭县 2016 年'庆新春·闹元宵'系列文体活动"，那天我们一行人一大早就从长沙赶到湘潭县白石广场，拍到了在那里展出的剪纸作品、油纸伞工艺品、核雕作品、灯谜等，占到了一个较好的位置拍了龙狮表演活动和一些文艺节目，并摄了像，收获不小。谁知回家打开视频一看，所拍的全部视频都没有声音，只好等到 2017 年的元宵节再次老老实实地去白石广场现场拍摄闹元宵活动，幸好近年来白石广场每年元宵节都有闹元宵活动，给了我补救的机会。

　　记得 2016 年年初参加北京语言大学第一次培训时，一位课题负责老师说，所有调查内容中最难获得的材料就是丧事的照片和视频。此言不虚，为获得丧事的材料，我首先向湘潭县的熟人朋友发布信息，信息发布半年时间，却没有任何信息反馈，后来才得知丧家不愿意被拍摄。终于在 2016 年暑假期间，我拜托过的陈端蒲老师告知，他同事的母亲去世，同意我去拍摄。机不可失，我立刻驱车前往，在陈老师的带领下，赶到湘潭县中路铺镇柳桥村拍摄。这

10-2 ◆在麦子石学校拍摄孩子们玩游戏

场丧事要办七天七夜，当地没有条件住宿，因此我必须每天清早六点出发赶往柳桥村，晚上八九点钟回家。正值暑天高温，一天下来总会出几身大汗，到了晚上，我那深色短袖衫上会出现几圈汗水留下的白霜。每天面对的是棺材和各种跪拜、祭祀的场景，听到的是哭声、鼓乐声、鞭炮声、念经声，正因为心存语保事业的使命感，我一直坚持。一场丧事拍下照片无数，视频数个。我想这段经历应该是我人生中最辛苦也是最有意义的。

调查中也会碰到一些开心的事情。为调查拍摄游戏，陈端蒲老师为我们联系了他所在的湘潭县麦子石学校一个五年级的班级，利用该班的体育课时间请孩子们做游戏。很多传统游戏如滚铁环、打陀螺、踢毽子、跳房子等，孩子们都不会玩，只有他们老师那一辈人才会玩，于是他们的班主任老师现场教孩子们玩，孩子们积极性非常高，学得很认真。当孩子们玩他们擅长的游戏如老鹰抓小鸡、丢手绢、跳绳、编花篮、爬杠时，一个个玩得兴高采烈，我们也拍摄得非常开心。

整个调查中我们找到了非常理想的调查对象和调查向导。他们是两兄弟，哥哥陈光益先生既是湘潭方言文化的调查对象，也是湘潭方言发音人，弟弟陈端蒲老师是湘潭方言文化调

10-3 ♦ 去坟山拍摄清明节扫墓

查的向导。他们两兄弟对方言文化保护的意义理解到位，热心支持我们的调查工作。陈光益先生是湘潭县易俗河镇八角村村民，方言地道，吐词清楚，精通农事，会各种手艺，经常主持本村及邻近村子的红白喜事，还会唱山歌。他对我们调查的条目几乎无所不知，解释得很到位。他还现场站在耙田工具"踏耙"上演示如何耙田，手持弹棉花的弹弓演示如何弹棉被，演示如何打陀螺，与他弟弟一起演示"扳手把子""毁扁担"，与家人一起打扑克、打骨牌，与邻居一起聊天，供我们拍摄。到了饭点，还亲自下厨做饭菜给我们吃。在他家中我们还拍了不少照片，如：灶屋、囫桌子、竹椅、簸燎箕、摇橐子、犁、横田耙、踏耙、锄头、方扮桶、囫扮桶、炸吊煎粑粑、做蒿子粑粑，等等。他们两兄弟陪着我们在八角村挨家挨户走访，寻找老古董器具，如弹棉花的工具、木工工具等。印象最深的是2016年8月他们两兄弟陪着我们走访刘奶奶家。刘奶奶那年86岁，抽水烟，知道我们的来意后，立刻端起水烟袋装上烟丝抽水烟，让我们拍照。第二年我们再去八角村时，听说刘奶奶已经去世了，我们痛惜不已。陈端蒲老师是湘潭县麦子石学校的老师，他还带着我们拍摄下谷种、耕田、收禾、晒谷、挖红薯、赶集、办丧事，等等，为我们的调查提供了非常大的帮助。

10-4 ◆我和妈妈、女儿一同参加南宁的项目预验收会议

    我是方言专业的新手，如果不是我妈妈罗昕如教授的悉心指导和全程参与，很难完成这个艰巨的任务。妈妈是方言调查研究的专家，经常陪我一起调查。我女儿——5岁大的曾道可小朋友需要照管，假日调查时也都带上她，因此差不多每次都是我当司机，祖孙三代一起去调查。妈妈指导我记音，需要摄像时，常常是我负责摄像，妈妈帮我拍照。开车途中，妈妈总是密切关注窗外，一碰上可拍之物，她立即叫停，下车拍照。捕鱼、盖房子、耕田、多面坡房子等照片就是在途中拍到的。方言发音的摄录、广州语料整理会议、南宁预验收会议，我们祖孙三代一起参加，同去同回，被同行们笑称为"祖孙三代语保人"。

参考文献

曹志耘 2014《汤溪方言民俗图典》，语文出版社。
曹志耘 2015《中国方言文化典藏调查手册》，商务印书馆。
湘潭市地方志编纂委员会 1997《湘潭市志》，中国文史出版社。
湘潭市民间文学集成编委会 1988《中国谚语集成湖南卷·湘潭市分卷》，内部发行。
湘潭县地方志编纂委员会 1995《湘潭县志》，湖南出版社。
鄢光润 2017《湘潭民俗文化拾遗》，中国文史出版社。
杨慧君 2017《中国语言文化典藏·衡山》，商务印书馆。

索引

1. 索引收录本书"壹"至"捌"部分的所有条目，按条目音序排列。"玖"里的内容不收入索引。
2. 条目首字如是《现代汉语词典》（第 7 版）未收的字、方框"□"，统一归入"其他"类，列在索引最后，并标出整个词的音。
3. 条目中如有方框，在后面标出整个词的音。
4. 每条索引后面的数字为条目所在正文的页码。

A

矮桌子	72
熬酒灶	183

B

八仙桌	71
白菜蕻子	120
白番椒炒猪肚	119
白粒丸	112
摆糕点	281
拜坟	262
拜年	262
拜堂	229
扳手把子	200
板梯	32
扮桶	155
拌谷种	138
包封	279
包壶	62
包子	108
保身符	219
抱裙	92
抱新娘子	227
爆辣椒	121
背带开裆裤	90
背新娘子	227
编花篮	206
槟榔	117
槟榔店子	175
钹计⁼	209
补鞋机子	170
布荡底	96
布棉鞋	95

C

猜灯谜	265
猜拳	193
财神菩萨	212

裁衣裤	169	吃捆烟	194
踩衣裤	169	吃水烟	194
菜土	132	吃蒜子水	277
菜碗	64	吃喜酒	231
槽门	29	吃子	201
草刀	156	抽屉桌	71
草帽子	94	臭干子	115
草屋面	25	出殡	248
草鞋	97	出天行	261
草鞋耙	97	锄头	153
插幡子	271	船墩子	51
插秧	141	床头柜	70
茶炕子	158	吹火筒	62
茶山菌	127	吹唢呐	267
茶叶子	117	捶油麻	147
槎扫婆	78	槌子	171
柴刀	156	祠堂	217
柴灶	60	瓷坛子	82
长豆角茄子	118	粗刨子	161
长命富贵	98	村庄	38
长命线	219	撮坟	281
唱地台子戏	232		
吵媒人	233	**D**	
吵烧火老倌	228	打弹子	202
炒香干	118	打禾	149
耖田	134	打画片	203
车谷	152	打讲	195
扯大网	178	打麻将	260
扯公	180	打木脑壳	198
扯领子袄子	91	打扑克	197
扯秧	139	打堂煤灰	257
撑禾	145	打陀螺	204
秤	176	打洋参米	173
吃茶	193	打药	140
吃春饭	263	打桩	53
吃饭	192	大杰寺	213
吃交杯酒	230	大锣	209

大门闩子	28
待客	263
弹弓	208
蛋卷	258
荡田	138
刀鞘	157
灯芯糕	110
地菜子煮鸡蛋	278
地方磉墩	31
地契	241
地摊子	174
点锣子	209
点主	244
雕花脸盆架子	77
吊煎粑粑	268
吊中	237
定定子	179
定鱼	180
丢手巾	198
丢子	206
东北帽子	95
兜尸被	239
斗笠	94
豆腐丝	114
豆腐渣	115
堵"簸子	154
渡槽	50
碓	48
碓屋	48

E

阿弥陀佛	218
耳锅子	61

F

番椒酱	125
幡子	251
翻杠	208
翻棋盘	201
饭	104
饭笠子	86
饭炉锅	61
饭甑	61
放花炮	261
分大小	231
分金"	251
坟山	273
粪桶	144
风景亭	44
封殓	243
麸子肉	277

G

盖石灰	242
干豆壳	122
干番椒	123
干笋子	121
赶场	196
高凳	75
搞家家饭吃	207
跟祖宗拜年	258
拱棚	228
钩子扁担	153
谷仓	85
谷撮箕	154
鼓	209
刮刀	164
挂艾叶	276
挂号	232
光坨子	269
过日	225
过小年	256
过雁鹅桥	245

H

汉瓦	25
蒿子粑粑	273
禾镰	156
禾码子	148
禾筛	152
荷包	99
核雕	166
横田耙	135
红军帽	94
红薯饼子	113
红薯粉	112
红薯叶子	119
红枣桂圆蛋	111
红砖墙	26
屌肥料	143
花窗子	30
花圈	239
划拳	202
化屋	247
还保烛	217
黄书包	99
灰桶子	159
回拜	246
回门	233
火焙弄˭子	120
火叉子	62
火铲子	62
火箱	80

J

鸡公车	156
鸡笼子	42
鸡年拓片	166
鸡扫婆	79
鸡埘	41
鸡网子	35
记名	219
祭奠	246
祭酒	272
祭梁	54
祭祖	218
夹子	177
家包	240
尖˭	181
尖抿子	159
煎饺	108
捡草	149
笕	50
剪纸	173
酱香干	114
酱油坛子	81
脚圈子	98
接亲	227
浸番椒	124
敬茶	230
敬酒	192
敬寿星酒	236
镜瓦	238
酒吊子	176
酒坛子	184
酒席	230
酒药子	183
酒甑	183
锯子	161
卷子	108

K

开堂	247
开胸子	90
看牛	177
看水	140
看羊	178

炕茶叶子	186	萝卜菜	119
炕腊鱼	258	箩筐	155
炕罩子	80		
烤饼	107	**M**	
刻碑	160	抹肚子	92
扣肉	259	麻簸子	87
筷笼子	65	麻拐凳	74
		麻将席子	70
L		麻石路	37
腊肉	126	麻帐子	68
腊鱼	126	马亮	80
擂钵	65	马头墙	27
擂弓钻	162	马=周	235
犁	134	码头	51
犁老坯	133	卖酸梅汤	175
篱笆子	34	馒头	104
凉糕	110	满月酒	234
燎茶	185	猫乳	114
燎饭	105	茅司屋	40
燎片子	113	茅屋	18
林盘床	66	煤油亮	80
淋粪水	142	米豆腐	112
淋水	143	米粉	105
灵堂	239	米粉皮	106
灵屋	240	米粉调料	107
留字	53	米缸	83
六子打秤=	197	米酒子	115
龙船	275	米筛	158
龙凤对烛	232	米升子	176
龙牌酱油	111	米虾子	120
龙狮表演	266	棉花袄子	91
龙兴寺	214	棉花车子	172
楼房	20	面	104
路祭	249	篾刀	164
露天井	43	篾燎箕	63
囤凳	74	缗钱	219
囤桌子	72	明瓦	24

魔芋豆腐	115	平房屋	20
墨斗	162	平水尺	160
磨糯米粉子	269	坪	35
磨盘	171	破地狱门	245
磨子	49	扑=豆壳	124
木窗子	30	扑=番椒	122
木雕锦屏	165	扑=水坛子	82
木屐	96	扑=腌菜	125
木匠开山子	162	蒲扇	81
木脚盆	78		
木脸盆	77	**Q**	
木马	162	砌壁	52
木脑壳牌	198	千手观音菩萨	211
木踏板	75	钱纸	241
木拖板	97	茄子皮	125
木箱子	83	青砖墙	24
木椅子	74	清水墙屋	21
		娶亲鱼	224
N		去挂山	270
年饭菜	259		
碾槽	177	**R**	
尿片子	92	热豆腐	112
牛栏屋	41	人字水	22
		揉茶	185
O		入棺	242
藕尖	118		
		S	
P		撒网子	181
爬杠	207	赛龙船	274
笆子	157	三棱冠	241
牌坊	46	扫蠢	151
牌楼	46	扫墓	271
盘头发	227	杀禾	145
陪嫁被窝	224	刹门子	30
披麻	240	筛谷	151
片刀	159	晒茶籽	187
平板桥	48	晒簟	151

晒谷	150	笋壳子皮篓	87	
晒楼子	28	蓑衣	93	
上梁完工	55	唢呐	208	
烧包	280			
烧稻草	142	**T**		
烧麦	109	踏耙	136	
勺子	63	抬大轿	249	
潲槽	87	太师椅	73	
神龛子	215	弹棉花	172	
十子	226	汤碗	64	
石隥子	37	汤圆心子	268	
石狮子	161	唐兴桥	49	
释迦牟尼佛	211	糖油粑粑	111	
收禾	144	踢房子	205	
手圈子	98	踢燕子	205	
守岁	260	剃百日脑	235	
首饰箱子	84	剃脑壳	168	
寿被	238	剃脑箱子	168	
寿器	237	天窗子	31	
寿堂	236	天井	33	
寿衣	238	田	132	
梳巴巴鬏	194	甜酒	116	
梳妆台	70	挑箱	83	
刷婆	64	祧屋	21	
水车	157	跳绳	205	
水缸	82	跳橡皮筋	204	
水块子	113	贴对联	257	
水磨	49	贴福字	257	
水桶	63	铁荡子	159	
水烟袋	195	铜镜	218	
睡椅	73	桐油亮	81	
四齿耙头	153	土地庙	214	
四方垮	24	土砖墙	26	
四合院	34	土砖屋	19	
送福字	266	团团圆圆	259	
酸豆壳	124	推耙钩屋	18	
蒜子油	276	推子	158	

拖楼梯	137	写牌位	244
坨子肉	246	新郎子	229
		新娘子	229
W		新鲜莲子	127
挖春笋	147	楦头	170
挖地基	52	雪花丸子	258
挖红薯	146		
碗柜	65	**Y**	
望衡亭	45	压岁钱	260
煨鸡蛋	127	压席碟子	231
煨辣椒	121	鸭屋	43
围裙子	93	烟丝	116
围桶脚盆	225	盐菜	125
喂鸡	179	盐番椒	122
温坛	61	盐鸭蛋	277
莴笋叶子	120	砚井	42
屋栋	23	腰篮子	86
五甏子床	67	摇鼓子	208
舞龙	264	摇井	43
舞狮子	265	摇窠子	69
		要关门包封	226
X		野艾	273
洗艾叶水澡	277	一担柴屋	16
洗衣裤	196	一拖水	23
戏台	210	一字床	67
下屋脚	52	衣柜	84
下葬	250	衣箱	278
吓鸡鸭	144	印粑模	64
香干子	113	印花被	68
香炉	215	鹰抓鸡	199
香烛	216	油豆腐	114
巷子	36	油盐坛罐	65
小吃店	174	油纸伞	167
小米辣	124	油纸伞舞	210
小手巾	99	鱼扁箩	182
孝服	240	鱼划子	182
歇凉亭	44	鱼罩子	182

玉坠子	99
筲箕	154
月饼	281
月子帽子	95

Z

扎辫子	195
扎灰包	238
赞梁	55
凿子	161
早生贵子	226
灶屋	22
榨油	187
摘茶	184
摘茶籽	186
站篮子	76
罩子烘笼	81
折莲花锭子	279
折子	171
正桃屋门	28
知客司	229
织篾器	163
中山装	90
种谷种	139
猪栏	41
猪栏屋	40
猪腰子桶	85
竹篙	79
竹篾墙	27
竹铺子	69
竹椅	74
转坟	272
转筛	158
妆郎鞋子	225
准砣	160
斫凳	163
棕绷子	170
棕叶子扫婆	78
粽子	276
走月子	234
族谱	218
祖宗像	217
坐篮子	76
做厨	233
做道场	243
做佛手	109
做手工米粉	106
做汤圆子	268
做字	243

其他

□铁环 [le³³tʰie²⁴fã¹³]	203
□耙 [luŋ⁴²pɒ¹³]	136
□田 [luŋ⁴²tiĩ¹³]	136
牜步 [kɒ²¹pu²¹]	199
骰扁担 [tɕiəu⁴⁵piĩ⁴²tã⁴⁵]	200
腩腊肉 [ŋau⁴²lɒ²⁴iəu²⁴]	256

后记

　　我是方言专业在读博士生，初入方言专业的大门，能承担方言文化调查的课题，在调查研究过程中提升自己的专业水平与动手能力，十分荣幸。常感谢国家语委、国家语保中心给予我这么好的机会。能为保护湘潭县的方言文化做出一点贡献，能为国家语言资源保护工作奉献一点力量，我深感自豪！现在，调查研究已经结束，回想整个调查研究过程，需要感谢的人太多了。

　　首先要感谢课题的主要参加者陈郁。陈郁是湘潭县人，母语是湘潭县方言，硕士毕业于华东师范大学汉语言文字学专业，对湘潭县方言有一定研究，现在在湘潭县一中任教。因为她，我得到了她的伯伯陈光益先生、她的父亲陈端蒲老师和她的先生彭浪草的支持。陈郁（常常是和她的先生一起）做了不少调查，提供了不少照片，包括部分日常用具、服饰、日常活动的照片，还有手工制茶、部分节日的照片和视频等。婚事的照片和视频都是由陈郁的学生庞海威在他姐姐的婚礼上拍摄的。我与庞海威还没有见过面，等图册出版后，一定要赠书感谢他。陈郁的伯伯陈光益先生是湘潭方言文化的调查对象，也是湘潭方言发音人，陈郁的父亲陈端蒲老师是湘潭方言文化调查的向导，他们为我们的调查提供了非常大的帮助。每次去陈光益先生家调查，他的老伴和陈郁的妈妈忙着为我们做饭，招待我们。在书稿的后期审稿中，编委指出需要增补若干条目，当时正是我博士论文答辩前夕，我没有时间去湘潭调查，只好求助于陈郁和她爸爸陈端蒲老师，帮我补拍这些照片。他们二话不说，立马行动，与陈郁的先生彭浪草一起为我四处寻找，补拍了天井、筦、中山装、红军帽、猜拳等照片。其中猜拳的照片是陈老师专门找到他的一些老朋友，请他们一起喝酒、行酒令时抓拍的；红军帽的照片是由陈光益先生端端正正地戴上红军帽拍的。红军帽早已没有人戴了，而陈光益先生却一直戴着，能在本书照片中体现他的这一特点，特别有意义。陈郁还从她的同事、熟人那里得到了采茶的照片和婚礼的大图。这些照片为本书稿增色不少。我的课题和书稿能够顺利完成，陈郁一家功不可没。

文学院研究生朱瑶瑶、李盛子、罗理是湘潭县人，了解湘潭县方言和地方文化，她们三人和陈郁为本书方言词条撰写提供了不少帮助，朱瑶瑶、李盛子还提供了几张难得的照片。文学院研究生陈艳芸为本课题做了大量语料整理、录入工作。

陈晖教授是指导我博士阶段学业的导师，她悉心指导我的学业，教给了我方言调查的方法，为我打下了方言研究的基础。

项目负责人、本书编委杨慧君师姐对整个项目的管理非常认真负责。本课题立项一年后，她专程来长沙了解湖南两个方言文化调查点的调查情况，给了我们很多指导，介绍了她做调查的宝贵经验。后面的中检、预验收、验收，她都给我的课题提出了很多指导意见，让我避免了很多错误，少走了一些弯路。在书稿的后期修改中，她严谨细致地指出书稿中的问题，一直负责任地指导我修改书稿。

湖南省电教馆张科团队负责方言发音摄录，从 2017 年的摄录到后面的几次修改，一直负责到底，保证了摄录质量。

摄影师黄京老师在 2022 年元旦期间不辞辛苦，赴湘潭各乡镇补拍了精美的封面大图与一些章的开篇大图，设计公司人员为本书图文做了精心设计，他们均付出了很多时间与精力。

我特别感谢我的家人。我是两个孩子的母亲，父亲曾宪年已退休，全力为我带孩子，在生活上无微不至地照顾我。母亲罗昕如是方言研究的专家，在专业上给予我全方位的指导，手把手地教我记音，陪我去湘潭各乡镇调查，悉心指导我撰写书稿，审读我的书稿，为课题和书稿的各个环节把关。5 岁的女儿曾道可乖巧聪明，每次调查带上她，她都能跟上我们的步伐，从不叫苦叫累；每次开会带上她，她从不影响我们的会议。在我整理图册中的调查照片时，道可看到照片中有她，就认真地说："妈妈，你书中有我的照片，可是你的方言词条我没有帮忙啊！"她居然自然地说出了"方言词条"这个专业术语！我紧紧地抱着她说："乖乖，你经常陪着妈妈和姥姥下去调查，这就是帮忙啊！"我的先生彭碧草经常出差在外，但也竭尽所能支持我的工作。我没有被两个孩子拖住，还能在专业上有所作为，真的要感谢我的家人！

"中国语言文化典藏"丛书是语保工程的标志性成果，教育部语信司领导、商务印书馆领导及汉语编辑中心、丛书编委会等对书稿质量高度重视，严格要求，层层把关。主编曹志耘教授、王莉宁教授在本书稿的撰写过程中多次审阅书稿,提出了很多中肯的修改意见,付出了大量心血,给了我很多指导和帮助;商务印书馆汉语编辑中心的责任编辑戴燃老师及朱俊玄老师、刘建梅老师等为本书稿做了大量工作,提出了很多宝贵意见供我们修改、完善书稿。这些把关使书稿质量得到很大的提升。在书稿的反复修改、打磨过程中,我被领导与专家们一丝不苟、精益求精的敬业精神深深感动,我从中所学到的不仅是专业知识,更有严谨的治学态度,这将让我受益终身。

为本课题、本书稿提供帮助的人太多了,无法一一列举,在此对所有人的付出一并表示衷心感谢!

与我这本书稿"杀青"的同时,我博士毕业,这真是一个完美的巧合。

语保培养我成长,我将在语保的道路上继续前行!

本书是我的第一本著作,肯定存在很多不足,恳请专家和读者朋友多多批评指正。

曾达之

2018 年 3 月 25 日初稿
2022 年 3 月 25 日修改

图书在版编目（CIP）数据

中国语言文化典藏．湘潭 / 曹志耘，王莉宁，李锦芳主编；曾达之著．—北京：商务印书馆，2022
ISBN 978-7-100-21045-4

Ⅰ. ①中… Ⅱ. ①曹… ②王… ③李… ④曾… Ⅲ. ①湘语—方言研究—湘潭县 Ⅳ. ① H17

中国版本图书馆 CIP 数据核字（2022）第 063509 号

权利保留，侵权必究。

中国语言文化典藏·湘潭

曹志耘　王莉宁　李锦芳　主编
曾达之　著

商务印书馆出版
（北京王府井大街 36 号　邮政编码 100710）
商务印书馆发行
南京爱德印刷有限公司印刷
ISBN 978-7-100-21045-4

2022 年 8 月第 1 版
2022 年 8 月第 1 次印刷
开本：787×1092　1/16
印张：21¼

定价：280.00 元

敬宗